幸福
文化

幸福
文化

「そのままの自分」を生きてみる：精神科医が教えるラクになるコツ

不必配合誰要求的100分
這樣的我已經很棒
暖男身心科醫生終結自我否定的
45個低內耗練習

藤野智哉——著

喜歡自己就夠了

卓惠娟——譯

你不需要變得更好——因為現在已經夠好了

【前言】不必做到和大家一樣，做好自己就夠了

以身心科醫師的身分執業時、在社群上或演講中與許多人交流時，我經常聽到許多人吐露了充滿「要改變自己」心情的話語，例如：我再這麼下去就完了、我一定要改變才行、我必須更努力、我必須有所成長等。

比方說，有些人是在工作上遇到失敗時，產生這樣下去不行、必須更努力的想法；或是因為人際關係不順遂而煩惱時，浮現必須改變現狀才行的焦慮。又或者，當教養孩子不如預期時，會想著自己必須成為一個稱職的父母。

希望改善自己不夠完美的地方、稍微超出能力範圍而努力、為了成長而奮發向上等等，這樣的企圖心確實很重要。

然而，真的有必要做到覺得痛苦，甚至心力交瘁，以致身心俱疲的程度嗎？

我們在日常生活中，有時會拚命去迎合那些別人口中「天經地義」、「一般來說、普遍」、「常識」的規則或價值觀。

雖然身為社會的一分子，我們確實必須遵守一些規則。但是，不知道是誰定下的、莫名其妙的規則與框架，實在是太多了。這些無從解釋起的框架中，仍有不少人認為就算有點勉強，也要配合。

只不過，如果勉強迎合這些莫名的規定，反而讓自己變得扭曲了。

當然，有些人可能很有彈性，能夠適應各種環境，但這樣的人畢竟屬於少數。**希望你可以想一想，與其逞強去迎合，不如學會珍惜自己原本的樣子。**

我們常下意識地和別人比較，例如心想如果能像某個同事一樣，總是那麼開朗、平和地工作就好了；或是看到社群媒體上那些看似完美的人，不自覺地感嘆自己這樣真的不行等等。

在這個社群媒體發達的時代，一打開手機，就很容易拿自己跟他人做比較，再加上周圍總是不乏一些很愛給建議的人，更容易動搖我們「做自己就好」的信念。

我明白，有些人會認為像我這樣的想法，很難在這個社會生存下去。然而，我們真的有必要為了迎合他人，而拋棄真實的自己、壓抑天性嗎？

追逐別人的腳步，並不會讓我們成為理想的自己。

「想要改變」的背後，藏著自我否定的念頭

或許你正因為職場的轉換、升遷、生子、搬家、生離死別等人生變故，認為必須盡快適應新環境，才會拿起這本書。

你可能心想著得要趕快適應新工作、熟悉工作內容，或是要想辦法兼顧工

作和育兒，不能給別人添麻煩等等，所以努力地去迎合他人、適應環境。

適應職場和周遭環境的確很重要，然而，**當你焦慮著「一定要改變」時，我希望你先別急於改變，而是先好好關照自己疲憊的身心。**

環境的改變會帶來壓力，即使是像結婚、進入理想的公司、升職這樣的喜事也一樣，更何況要是被調任到不喜歡的單位、遇到難相處的主管或是和摯愛的人分別等等，當生活環境出現重大改變時，更是壓力倍增。

畢竟，環境和狀況都發生巨大的變化，感到身心疲憊也是必然的，**等你照顧好身心，讓自己放鬆下來之後，如果還是想要「改變」，再去改變也不嫌遲。**

雖然「想要改變自己」很重要，但同時也希望你能多花點心思照顧自己、疼惜自己。

說真的，「改變」不是一件容易的事。相較於熟悉的工作，新的工作往往會讓人感到更疲憊；相較於熟悉的道路，陌生的街道則更容易讓人緊張。

「改變」需要耗費大量的精力，也會讓人感到疲憊。而且，當我們心中浮現必須改變、這樣下去不行等等的念頭時，往往隱藏著以下情緒：

- 不喜歡現在的自己。
- 覺得現在的自己是不對的。
- 覺得現在的自己還缺少了什麼。

也就是說，**我們愈想「改變自己」，就愈容易陷入自我否定的泥淖，而感到痛苦。**

我想告訴你的是，不需要勉強去改變。比起勉強做出改變，我更希望你練習接納軟弱的、痛苦的、辛苦的自己，還有做不到的，笨拙的、容易氣餒的自己——學習去珍惜原本的自己。

另一方面，「想要改變」的心情當然也很重要。如果現在的生活過得不太順遂，或是覺得自己還不夠好，那麼希望透過改變來讓生活變得更好，當然是一件好事。

若是現在有一點想要改變、想要前進的想法，也請務必好好珍惜現在的自己。就算失敗了、事情不順利，我也希望你成為自己最大的支持者，請好好照顧身心，疼惜並珍惜自己。

在身心都調整到最佳狀態後，再回過頭來面對「做不到的自己」或是「要如何才能做得更好」這些問題，或許會更有幫助。

在這種情況下，你會自然而然的、不必勉強自己也能有所改變。

在配合別人的標準前，先認同不完美的自己

其實，我個人也有過類似的經驗。

或許有人已經在其他場合聽過，我在童年時罹患川崎病，心臟長了瘤，所

以無法做劇烈的運動；小學時，我不能參加游泳課、踢足球或參加長跑。

當時，我非常討厭和別人不一樣，無法接受原本的自己，感到非常難受。

但是，我之所以沒有自我否定、覺得這樣的我實在很糟糕，是因為正視了自己做不到的原因是疾病，而不是我這個人。

由於我沒有將原因歸咎於自己，所以能夠冷靜、理性面對問題，接受這個做不到的自己。

我花了很長的時間才領悟到：就算不會游泳，也可以用游泳圈；更何況，我本來就不想參加長跑。**我發現自己不需要為了和別人一樣，去做那些原本就不想做的事。**

「活出真實的自己」，不需要太過用力、也不必著急，放鬆心情就好。

如果突然有人告訴你要活出真實的自己，你可能會不安，感到不知所措，因為完完全全地、赤裸裸地展現自我，很令人膽怯，這種心情我完全能理解。

因此，我想透過本書提出的建議是，先試著稍微活出真實的自己、先試著去體驗活出真實自我的感覺。

當你覺得一定要改變或這樣下去不行時，請先冷靜下來，躺在床上或沙發上，讓身體放鬆。然後想一想，能不能稍微展現一下「真實的自己」呢？

在有些場合或時機，我們的確無法展現本來的自己，有時必須迎合周遭的人、遵守公司的規定或社會的規範、在意世俗的眼光，才能生存下去。

但是，我仍然希望你能接受那個軟弱的、笨拙的、做不到的、感到沮喪的自己，並認為「這就是我」，然後去珍惜原本的樣子。

二〇二四年三月　藤野智哉

目錄

第一章 首先，要好好照顧自己

第二章

認清，不可能討好所有人

第三章

好的人際關係，不該感到委屈心累

第四章

練習以自己想要的為優先

第五章

改變，是要成為自己喜歡的樣子

第　一　章

首先，要好好照顧自己

想努力的心情很棒，但別太勉強了

「想要改變」的時候，
往往是「感到痛苦／辛苦」的時候。
這時，請以照顧自己的情緒為優先。

常聽到有人說「我必須改變」、「再這樣下去不行」、「我一定要變得更好」，表達出想要改變的心情。

例如：

「總是為了一點小事就悶悶不樂，我不能再這樣下去了。」

「為什麼嘴總是這麼笨？都這個年紀了，不能再這樣了……」

「又出包給同事添麻煩了。我一定要趕快熟悉流程，不能再這樣了。」

「又對孩子發脾氣了，我不能當吼媽……為了孩子要好好加油。」

「我一定要趕快適應現在的工作，必須更努力。」

接著他們會說：「所以我想要改變！」

但是，當我們說想要改變的時候，其實往往是處於不好的狀況，感到痛苦、辛苦的時候。

過度的努力，只是白白的內耗

例如，在工作上犯錯感到沮喪的時候，或是忍不住和別人比較後，覺得自己什麼都做不好而感到失落的時候，又或者是在人際關係上遇到困難而感到煩惱的時候。

也可能是因為朋友的批評「就這樣真的沒關係嗎？」或是看到周圍的人的表現而覺得自己也要好好表現才行，所以產生這樣的想法。

又或者，當你到了新的環境，急著適應、急著做好一切時，也可能會產生這樣的想法。因此，才會說自己必須要改變，或是認為不能再這樣下去了。

我們是否認為「必須成長」、「必須努力」，卻又太勉強自己，最終導致自我內耗了呢？

成長和努力固然重要，但如果過度努力反而消磨自我，那就太可惜了，最重要的是「自己」。

當內心浮現了「必須改變」、「這樣下去不行」、「我一定要變得更好」這些想法，在開始努力或奮鬥之前，還有一件更重要的事：希望你能先關心自己，先停下來思考一下，是不是對自己太過苛求了？是不是正在自我內耗呢？

希望你在力求改變前，能從這一步開始——先照顧好此刻的自己。

POINT

想想看，是不是太過苛求自我了？多愛自己一些吧！

你的感受是真實的，無須比較

當覺得「很辛苦」的時候，就代表真的已經「很辛苦」了。

「覺得辛苦」，已經是許多人的常態。

現在的日本，薪資調升困難，日圓幣值也在下跌，有餘裕幫助他人的人愈來愈少，而且在經歷過 Covid-19 疫情後，人與人之間的連結變得更加薄弱。

儘管如此，大家還是毫無怨言地、努力維持日常生活的運作，在這樣的環境下，當然會感到心累。

然而，日本社會卻仍然存在「不應該抱怨自己有多辛苦辛勞，要忍耐著努力才是美德」的風氣。但是，這種觀念如果變成理所當然的話就糟糕了，人其實沒有那麼堅強。

如果長時間處於辛苦的狀態，心情很容易崩潰；然而，**有些人卻無法意識到自己情緒低落是因為心理因素，甚至認為不應該有所怨言**。

此外，有些人甚至會在「辛苦的時候更不能休息」的困境中掙扎，他們認定大家都一樣辛苦、只有自己太軟弱而感到自責。

其實我們根本不需要跟別人比較，「大家都這樣」或是「只有我這樣」。每個人的背景、狀況、個性都不同，如果你感到很辛苦，那就代表真的很辛苦。

和平常不太一樣的自己，是心累的訊號

只是，有的人不太容易察覺到自己有多辛苦。我們可以留意和日常不同的自己，覺察真實的感受。例如：

- 莫名地感到焦躁。
- 在社群媒體上PO了傷人的留言。
- 開始暴飲暴食。
- 連洗澡也覺得好累。
- 早上很難起床。

當你發現自己和平常不太一樣時，想想看：「我是不是在忍耐著什麼？或是有什麼壓力嗎？」**一旦你意識到現在壓力很大、覺得很痛苦，這就是應該開始好好休息、照顧自己的起點。**

這是我在三十多年的人生中體悟到的真理，以我個人為例，連吃飯都食不知味的時候，做什麼都不會順利。在開始努力之前，請先照顧好自己疲累的心情，這一點非常重要。

POINT

從日常的行為中，察覺自己心累的訊號。

只要還能感到痛苦，都還來得及

累積的疲勞，無法一朝一夕就消除。
正因如此，在疲勞累積之前，
就要開始自我照顧。

每個人都有自己的「容量」，就像體力和精神力一樣，不可能取之不盡，用之不竭。很多時候，我們會不知不覺地就到達極限。例如，早上突然起不來、一想到要上班就忍不住掉眼淚……這種情況不勝枚舉。

當我們感到辛苦時，往往只會看到負面的事物，覺得全世界都與自己為敵，導致原本順利的事情也會變得不順利；我們的怒氣沸點也會降低，一點小事就抓狂。

當你感到好辛苦、快受不了的時候，決定泡個澡、好好睡一覺、吃頓豐盛的餐點。結果呢？你可能會發現——**難以置信！疲勞並沒有因此消除，依然感到身心俱疲！**

累積的疲勞不是一朝一夕就能消除，正因為如此，我們才需要在疲勞累積之前，就開始照顧自己。

許多人會花時間去按摩、做伸展操來照顧身體，卻很少有人會去照顧自己的心靈。當你感到疲倦、煩躁、覺得很痛苦時，正是應該開始照顧自己心靈的時機。

能感覺痛苦，是心理機制還在運作

大人絕對也會遇到什麼都不想做的「厭世期」，當你遇到這種情況時，可以請假在家休息、到大自然中放鬆、和朋友聊天抒發情緒，總之就是休息、做一些能放鬆、舒緩壓力的活動，請好好愛惜自己。

如果這樣做之後，還是覺得疲倦、煩躁的話，其實這樣反而還不錯，**希望你能明白，真正的危險，是已經感覺不到痛苦的時候。**

當你發現自己變得麻木時，就要小心了，千萬別認為反正什麼都感覺不到，所以沒關係。

遇到這種情況，請練習尋求幫助。身為身心科醫師，我建議可以抱持平常心去就診，但如果身邊有可以商量的人，也可以試著向他們求助。

看起來很堅強的人往往最不願意求助，結果反而會變得更痛苦，許多人在崩潰之前，在外人眼中都看起來很堅強。

因此，重要的是必須在傷口還不深、痛苦還不強烈的時候，就及早處理。就像身體需要保養一樣，心靈也需要在感到不適之前就開始照顧。

POINT

在傷口尚淺，還不是那麼痛苦的階段，就要開始照顧自己的情緒。

爲了保護自己而逃避，一點都不可恥

社會對「逃避」太過嚴苛了，
導致我們養成了「不能逃避」的習慣。

我希望你能明白，遇到困境時努力固然重要，但「逃避」也是一種選擇。**社會對「逃避」的態度太過嚴苛，以致於我們養成了「不能逃避」的習慣。**

舉例來說，來我們身心科就診的患者和家屬中，有許多人都認為「絕對不可能換工作」。但站在身心科醫師的立場，總是把轉職視為一種選擇，而且也見過許多人確實透過轉職而改善了狀況。

工作有擅長與不擅長、適合與不適合的問題，企業中也有黑心企業。然而，許多人卻會因為「感到痛苦而轉職」的想法產生罪惡感。

逃避，又有什麼關係呢？為了保護自己而逃避，反而應該要讚許自己選擇逃避的勇氣。為了繼續活下去，為了不放棄自己的人生，所以現在選擇逃避。

到底什麼才算是逃避呢？這個問題其實很模糊。明明心裡很痛苦、卻硬撐著留在公司，也可以說是一種逃避自己內心感受的行為。**如果真的在乎自己的心情，那麼選擇「不逃避」，可能反而是一種「逃避」。**

不管會被別人嘲笑或否定，有不少人因為選擇逃避，才能活到現在。那些用輕蔑的字眼阻止別人逃避的人，並不會為企圖逃避者的人生負責。

有些人可能會說出像是，工作不到三年就離職、很難找下一份工作，或是一直換工作會讓履歷不好看等等的話。但請不要因為這些模糊不清的理由，就強迫現在的自己忍受痛苦。

隨心所欲過自己喜歡的人生，不需要經過其他人的同意。

如果不能逃避，可以選擇暫時「逃離」

當然，要完全照自己所想的過生活，並不是一件容易的事。大部分的人會遇到的狀況像是，因為有孩子，所以不可能想怎麼做就怎麼做；或是考量到存款不夠，還要顧慮到生活的安穩，根本不可能過著那麼隨心所欲的日子。

我完全能理解你的心情和處境，過自己想要的生活，確實不容易。不過，就算不能百分之百隨心所欲，那麼至少讓自己有百分之十的時間過得更自在一點呢？

例如前面提到，因為有小孩而無法很自由，但可以在晚上騰出一些時間看喜歡的書，或是雖然沒什麼錢，但可以每週一次去咖啡廳、獨自喝杯咖啡，小小享受一下。這樣一來，就能稍微擁有屬於自己隨心所欲的時光了。

偶爾逃離一下現實生活，找出一些自由自在的時間也很重要。

POINT

不要逃避自己真實的心聲。

「練習求助」，比「練習努力」更重要

尋求幫助不是軟弱，
而是有想盡辦法解決問題的決心。
代表你並沒有放棄，
這反而才是真正的堅強吧？

有時候，當發生某些問題時，我們會過度努力。

例如，當工作死線即將到來時，我們可能會不斷地催促自己，一定要設法解決、一定要更努力，結果把自己逼到極限。

又或者，和親戚因為溝通不良而發生爭執時，我們會不斷自責，是不是哪裡做錯了？到底該怎麼做才對？結果愈想愈糾結。

冷靜思考之後，明明可以尋求幫助，卻總是選擇獨自承擔，這是為什麼呢？

或許是因為，我們並不習慣向別人求助。從小就習慣獨立、努力的人，特別缺乏「求助」的經驗。

或許，有些人曾經因為求助而被責罵，所以變得不敢開口求助。甚至，我們可能深信向人求助很丟臉、只有能力不足的人才會求助等等的想法。

求助不是因為軟弱，而是想要解決問題，這代表我們並沒有放棄，反而是一種堅強的表現。

因此，覺得自己總是獨自承擔一切的人，不妨試著練習「向人求助」。

單靠自己努力，總有碰壁的時候，「練習努力」只會讓我們更疲憊。**比起「練習努力」，更重要的是「練習求助」**。

頂多就是被拒絕，結果不會更糟

在日常生活中，可以有意識地稍微求助一下、麻煩別人一下。任何事都可以，例如：

「部長交辦的文件，可以麻煩你幫我影印一下嗎？」

「能不能幫我預約一下那家餐廳？」

「現在身體有點不舒服，能不能請你等我到明天？」

「（在社群媒體上發問）不懂就問：有人懂〇〇嗎？」

就像這樣，練習開口求助吧！

說不定會有人回覆，「好呀，我們一起來做吧」、「我可以幫你」、「沒關係，明天再做也可以」。

剛開始的時候，可能會害怕開口求助。事實上，開口之後也可能被拒絕或得到不好的回應，但如果不試著請人幫忙看看，又怎麼知道會發生什麼事呢？

因此，當你覺得很痛苦的時候，可以試著這樣想：「現在就鼓起勇氣求助，或許是個不錯的選擇。」

開口問人：「可以幫我嗎？」絕對不是一件丟臉的事。

POINT

練習請人幫忙，你不必什麼都自己扛。

誰說一定要全力以赴才可以？

偶爾放鬆一下，懶散過日子也沒關係，努力不是人生的全部。

正如我先前提過的，本書並不是想鼓勵你「一定要改變」。**你可以選擇改變，也可以選擇不變，最重要的是，不要勉強自己去改變。**

當你覺得非改變不可，不然就完了！這種時候，我希望你能夠先冷靜下來，先躺在床上或沙發上休息一下。

許多努力過頭的人，往往會在「做得很好」和「完全做不好」兩種極端中做選擇。但事實上，「努力」和「不努力」之間存在無限多的可能性，並非簡單的二分法。

也許你無法原諒在家裡無所事事、懶散的自己，但要知道，人總會有感到疲憊、提不起勁的時候啊！有時候我們可以全力以赴，有時候我們只想慵懶且無所事事地度過一天，每個人的節奏都不一樣。

感到疲憊並不是因為你軟弱，而是人之常情。每個人在人生的不同階段，都會有不同的感受，放心地去感受疲憊，好好休息。

最該努力的，是接納原本的自己

有些努力不一定會有回報，甚至有些時候，不努力反而更好，希望你不要過度要求自己「必須努力」。很遺憾的，我們都只是普通人，沒有人可以做到事事完美，也沒有人可以擁有一切。

真正的人生，是從接受不完美的自己開始。我們都會有做不到的事，也有需要別人幫助的時候。我常說「人生的主角是自己」，這句話並不是說你得成為超級英雄。你可以脆弱，可以不完美，也可以不那麼努力。

偶爾放鬆一下，懶散一點也沒關係；當你學會接納這樣的自己，會發現世界變得不一樣了。甚至，你反而會因此找到改變的動力。

我希望你能明白——**不做改變，也能活下去，偶爾懶散一下也沒關係，人生當中，不是只有「努力」這件事。**

POINT

強迫自己「必須努力」，並不會變得更好。

不要輕忽
自己的價值

不要習慣被隨便對待。
你值得被尊重珍惜，
這是你擁有的價值與權利。

這個世界上，總是會遇到一些不顧對方感受的人。

例如，有些主管會直接表明工作能力差的人應該要留下來加班，晚上做不完就明天早上早點來。又或者有些人會對另一半說家事是你的責任，不管多累都不該偷懶，一定要做好。

但人類不是機器，除了工作，我們還需要充足的睡眠、均衡的飲食和享受生活；至於家事能做就做，沒必要勉強自己在疲憊時還得事事完美。

然而，那些認真負責的人往往會不自覺地鑽牛角尖，覺得既然工作能力不好，當然應該加班，又或是認為做家事時總是手忙腳亂，一定是自己不夠好。甚至想著「不更努力成長不行」，因此更加努力。**人生真是諷刺，愈認真生活，反而愈覺得辛苦**。

然而，先等一下。不論工作能力如何、家務是否熟練，你的身體和心靈都值得被好好對待，這是你擁有的價值與權利。

即使工作表現不佳，也不代表主管就可以隨意對待你；疲憊時少做一些家事，也不代表伴侶可以責備你。如果習慣了被粗暴對待，你會愈來愈覺得自己一無是處。

你對自己的態度，決定他人對待你的態度

首先，你要意識到自己被錯待了。學習放寬視野，察覺到目前的處境對你並不公平。一旦意識到這一點，就能找到解決方法，例如準時下班、向主管反映、申請調動、尋找新的工作機會。

面對伴侶，你也應該表達自己的想法，像是希望對方能改變態度，提出自己需要幫忙等要求，或者你可以購買減輕家務負擔的家電，也可以和伴侶好好溝通。

不想被粗暴的錯待，最重要的是不要輕視自己。你會不會覺得那些被賤賣或隨意處置的物品，往往得不到人們的珍惜？人也和這些物品相同。**因此，首先請你好好肯定自己的價值，並善待自我。**如果連你都不能好好對待自己，別人又怎麼會珍惜你呢？

在工作上，你可以練習不要隨便承擔任務、不要為了工作而過度勞累。在感情上，在該拒絕的時候說不、對不合理的事情表達意見，這些都是善待自己的表現。當你持續做出尊重自己的行為，會發現被隨意對待的情況減少了。

POINT

不要低估自己的價值。

想要改變的心情，
不該是因爲討厭自己

最棒的心態，是你本來就喜歡現在的自己，
但覺得嘗試改變一下或許也很有趣。

舉個例子來說，在一個超時工作的職場裡身心俱疲，明明連周遭的人都覺得你應該休息了，你自己也這麼想，卻怎麼也停不下來。

你是否曾經有過這樣的經驗？有一群經常聚會的朋友們，雖然總是聊不來，壓力很大，但就是斷不了。跟伴侶抱怨時，對方會勸你那樣的「朋友」就不要來往了！但你還是覺得很難割捨。

不知道你有沒有聽過「沉沒成本效應（sunk cost effect）」？這是指為了避免之前的付出白費，即使知道是錯的，仍舊繼續堅持下去的現象。

如果選擇休息或離開，就等於否定了過去的忍耐和努力，感覺好像一切都白費了，因此許多人就會一直拖著，不敢做出改變。**同樣的道理，當我們想要改變自己時，或多或少都會有「等於否定了過去的人生」的感受。**

若是因為否定自己才想改變，往往只會更加挫折

雖然許多人都會說「我想改變」，但仔細一問，卻很少能明確地說出自己想要變成什麼樣子。想要改變的想法，往往是從現在這樣不好、應該更努力、應該更優秀等負面情緒衍生而來的，像海市蜃樓一樣虛無縹緲。只是覺得現在的自己不夠好、我不能一直這樣下去，然後就把這種感覺轉化為「想要改變」。

然而，從另一個角度來看這種想要改變的想法，其實是對過去和現在的自己的一種否定；當你「想要改變」時，等於在告訴自己「現在的我很糟糕」。

因為這種「否定」的感覺，讓許多人在想要改變時，會感到不安、害怕，甚至裹足不前。如果「想要改變」會讓你否定現在的自己，甚至讓你感到痛苦的話……那麼，不妨先放下「想要改變」這個念頭吧！

如果你總是煩惱著「我一定要改變，為什麼做不到？」不如先把「我好像

想要改變」這個想法放在心底，然後去做一些完全不同的事情。這樣一來，當你不再那麼自我否定時，或許會自然而然地改變，甚至對世界的看法也會改變。

與其說因為現在的自己不夠好、所以想改變，**不如換個角度思考：雖然現在很好，但如果變成那樣的自己，或許會更有意思、未來也會有更多可能性。**

「想要改變」的心情，可以分為兩種：一種是源於對自己的否定，另一種則是發自內心，真心希望自己能變得更好。

你是自我否定嗎？又或者不是？在還不清楚的情況下，不妨先用「我想改變」這個想法來接納自己，並優先照顧好自己。如果因為「想改變、卻改變不了」而感到煩惱，不如就先暫時放下這個問題吧！

POINT

暫時放下「想要改變」的想法，也無妨。

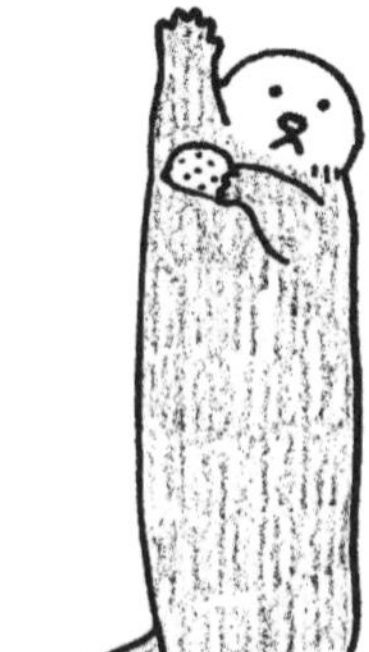

第二章

認清，不可能討好所有人

那些刺耳的聲音，根本不用聽

世界上有很多話，
不需要太放在心上。

在上一章談到，當我們覺得自己必須改變、現在這樣不行、應該做得更好時，通常都是因為我們感到痛苦或困惑。

這章要來談談一個容易讓人感到痛苦和煩惱的主題，就是與他人的互動。你是不是常常因為太在意別人的眼光，或是拿自己和別人比較而感到困擾？在這一章，我們將探討如何不要太在意他人的看法。

假設有同事直白地說你的桌子好亂、甚至直言你最近是不是胖了？雖然說的是實情，但被當面這麼說，內心可能會感到很受傷。

其實世界上有很多話，我們不必太認真對待。只要知道這一點，就能減輕很多心理上的負擔。

世上不是每個人都能體察他人的情緒，有些人可能不懂得察顏觀色，也可能出於嫉妒，或者因為一時情緒不佳以致隨便遷怒，說出一些傷人的話。

是真心話？還是沒禮貌？你不必照單全收

例如，當有人說你好像胖了，你可能會認真地減重，但接下來對方可能又會說衣服的顏色不太適合你、臉上的斑點變多了等等，不斷地挑剔。

面對這些負面評價，最好的方法就是不要太過在意。那些對你說出刺耳的話或給予多餘建議的人，其實很多時候並沒有那麼有意義。對這些話想太多，也無濟於事，直接無視就可以了。

你愈鑽牛角尖，反而讓自己愈難過，一開始直接忽略這些話就好。

雖然聽起來有點殘酷，但你可以想一想，這個人對你來說很重要嗎？是從小到大的好朋友？還是偶爾閒聊幾句的同事？或是媽媽社團裡的一位成員呢？

如果連那些無足輕重的人所說的話，你都一一放在心上，內心一定會感到非常疲憊，會覺得自己處處都做得不夠好，需要不斷地改變自己。面對那些路人的言論，可以簡單地回一句：「啊，真是沒眼光。」來化解。

或許有人會覺得直接無視別人好像不太好，這代表你的性格認真又善良。那麼可以轉念思考，當面對那些沒禮貌的人，偶爾展現出自己不好的一面也沒關係——當然，只是稍微展現一下就好。

POINT

那些無關緊要的人所說的話，不必一一放在心上。

不可能
和所有人都合得來

你是不是連不太喜歡的人、
也努力地想討好呢？

在意別人的眼光，就是害怕被別人討厭；而被喜愛的人喜歡，當然令人感到開心，不過，**你是否連那些並沒有這麼喜歡的人，也努力地試圖去討好呢？**

善良的人常常會想讓身邊的人都喜歡自己，為了迎合別人的喜好，可能會偽裝自己、勉強微笑，甚至強迫自己出席沒這麼想去的聚會。

但是，你真的喜歡這樣的自己嗎？

是不是也不太喜歡這樣為了討好不喜歡的人而努力的自己？如果一直這樣下去，還有可能會愈來愈感到自我厭惡。**因此，希望大家認清很重要的一點，那就是你不需要人見人愛。**

愈是善良的人，愈要遠離難以相處的人

我當然明白，要接受「不需要被所有人喜歡」的觀念，對許多人來說很困

難。畢竟，各位從小就被教育要「和大家和睦相處」，但其實那根本是騙人的。

雖然學校教我們要公平地對待每個人，或是要和每個人都友好相處，但事實上，各位並沒有義務要這麼做。試想一下，我們能強迫一個被霸凌的孩子，必須和霸凌者成為朋友嗎？這是不合理的。

如果這麼做，你會和原本應該是最親密的那個「自己」愈來愈遠，千萬不要被「要和大家相處融洽」的框架所拘束。**更重要的是，我們可以選擇和不喜歡的人保持距離，不需要強迫自己討好不喜歡的人。**

世界上有很多人，我們對他們的感覺是介於喜歡和討厭之間，和這些人保持適當的距離，或許是個不錯的選擇。

我知道，在一個團體裡，希望只和某個特定的對象保持距離，有時會很困難；例如在媽媽群組裡，如果有一個特別不喜歡的人，單獨和她保持距離幾乎是不可能的。

這種時候，鼓起勇氣離開這個團體，或許也是一個不錯的選擇，你可能會在新的環境中找到新的朋友。或者，有可能會發現自己有時間培養一些個人興趣，不再需要依賴群組了。

試著改變環境看看，有時候能為你的生活帶來意想不到的轉變。

POINT

「要和大家好好相處」，是個謊言。

他人的期待，與你無關

不如對他們說：

「不用管我，快去過你的人生吧！」

即使你很努力地不去在意別人，還是難免會遇到一些喜歡下指導棋、動不動就對別人的人生指指點點的人。例如把別人的生活當成寫劇本，隨口說出接下來該結婚了、差不多該生小孩了等等的話，這種人到處都是。**這時，你可以默默地在心裡對他們說：「別管我！你專心過好自己的日子吧！」**

喜歡插手管他人閒事的人，通常都很閒，真正過得充實的人，並不會有時間去評論別人的人生，你只要在心裡暗自想著這個人一定很閒，就可以了。

別人不是為了你而活，你也沒必要為了別人而活——當真正理解這一點後，你會發現生活輕鬆了很多。

不需要因為拒絕「他人的期待」而感到愧疚

不過，有些時候我們還是會不由自主地在意別人的看法。比方聽到長輩說，都結婚兩年了，是不是該生小孩啦？雖然內心覺得長輩的神經真粗、怎麼會直接問這種問題，但還是無法不介意。人體有六成的占比是水分，當有人對你喋喋不休、卻又無法一笑置之時，可以想像成對方正對著水拚命說話，這樣一來是不是覺得有點好笑？心情也輕鬆不少、你也變得更堅強了。

「是不是該添個小孩（孫子）了？」這只是個人的期待，**別人的期待是別人的，你不需要背負。**如果分不清「他人期待」的界線，會感到很痛苦；即使這是長輩的期待，也可以選擇不回應。雖然如此，我們還是很容易不自覺地想滿足別人的期待。心地善良的人可能會自責，覺得無法滿足對方期待、是自己不夠好……「別人的期待」真的是讓人很困擾啊！

如果覺得必須滿足別人的期待時，不妨退一步，將「對方的期待」和「自己想做的事」分開來看。例如，當媽媽朋友問你：「下次可以帶孩子去你家玩嗎？」時，你可以先停下來想一想：「我真的想讓她來嗎？」

如果內心的想法是，想讓孩子一起玩、但不希望地點在自己家時，就沒有必要勉強答應。「想來家裡玩」只是對方的期待，**你不需要承擔這個期待，也不需要為拒絕感到愧疚**。可以反過來提議：「我也想讓孩子一起玩，不過可以到你家嗎？」

當你因別人的期待感到為難、想勉強自己回應時，記得先停下來思考，這是不是你想做的事情？如果不是，大可不必回應他人的期待。

POINT

學會拒絕他人的期待之後，人生會變得輕鬆很多。

眞實生活中，有更值得用心經營的人際關係

當你開始覺得不能沒有社群媒體時，不妨暫時遠離網路。

在人際關係的處理中，特別要注意現代的社群媒體。我常常覺得，現代人對社群媒體有些過度反應。

「貼文下面有負面的留言批評，心情很低落」、「被拉進不想加入的群組，不斷出現的通知訊息很煩人」、「看到ＩＧ上那些光鮮亮麗的照片，心情很鬱悶」等等，像這樣因為社交媒體而感到煩躁的人，應該不少吧？

我們很容易拿自己和別人比較，在意負面的言論，甚至在不知不覺中受到傷害。

但其實那些刻意展現幸福美好一面的人，內心未必真正滿足；與其羨慕別人的幸福，不如細數自己擁有的幸福。

如果負面的言論讓你感到痛苦，就暫時遠離社群媒體，可以設定一個每天使用社群媒體的時間限制，一天只能看幾分鐘之類。**當你無法輕鬆地看待「這只不過是社群媒體而已」時，或許就該暫時遠離網路了。**

社群媒體真的就只是社群媒體而已，只要關掉手機、一切就結束了，但許多人卻因此而受到很大的傷害。

網路上的負面流言，馬上就會被新話題取代

此外，也要記得社群媒體上的你，並不是全部的你。你在社群媒體上的形象，並非百分之百真實，透過幾篇文章、幾張照片，根本無法完全了解一個人。如果無法這麼想，或許你在生活中已經過度依賴社群媒體了。

此時，你可以多參與現實生活。無論是和朋友聚會或工作聚餐，還是其他任何能讓你與人連結的活動，都可以試試看。**當現實生活中的連結增加，你對社群媒體的依賴就會減少，自然也就不會那麼在意了。**

最後，要特別注意社群媒體上的惡意言論和批評。例如當你在社群媒體上

發言，突然遭受負面批評時，可能會感到驚訝、也很想反駁，但其實最好的做法就是置之不理，不必覺得一定要反擊。以我個人的經驗來說，使用X（原本的推特）四年當中，經歷過幾次小風波，也看過許多人被攻擊。我從中發現，大多數的爭議只要幾天置之不理，就會自然平息。

網路上每天都有新的話題出現，常有人說「人人都有機會成名」，但反過來說，世界對你的關注也就僅此而已。**無論好壞，別人其實沒有想像中那麼在意你。**

面對想傷害你的人，就假裝沒事；面對惡意攻擊，直接忽略就好，網路上永遠都會有更新的話題讓人追逐。

POINT

把經營人際關係的心力，放在看得見的現實生活中。

看什麼都不順眼時，如何好好轉念？

說真的，很有可能只是自己想太多。

有些人只是隨意瀏覽一下社群媒體的留言或照片，就會莫名其妙地感到不愉快，甚至心煩意亂。像是：

- 看了別人分享工作樂趣的貼文，談論工作上的成就，便感到沮喪。
- 看到ＩＧ充滿高級美食、精緻餐點的照片，就覺得很煩躁。
- 看了別人分享幸福的家庭照片或故事，就覺得內心煩悶。

即使對方並非刻意炫耀，你也會覺得對方在放閃。要注意的是，這可能是你自己的感受、而非事實，這跟我們的認知基模（cognitive schema）＊有關。

認知基模是我們看待世界、理解自己的一種思考與感受的慣性模式，是潛意識中對自己和世界根深蒂固的看法。

＊「基模」是由心理學家尚．皮亞傑（Jean Piaget）所提出的概念，是人類認知行為的基本模式。認知基模是一種根據個人經驗所建構出的認知訊息處理模型，可快速處理大量且複雜的資訊，協助迅速聚焦個人想看的、感知的，進而形成認知判斷。

除了自己的認知基模（例如：沒有人愛我），我們還擁有世界的認知基模（例如：世界是骯髒的），透過這些自己特有的認知基模來判斷事件、事實，並產生情緒反應。

是別人在炫耀，還是你的認知戴著有色眼鏡？

同一篇社群媒體貼文，因為每個人的認知基模不同，所以感受會因人而異；有人覺得看起來好開心，有人覺得怎麼老是放閃。

換句話說，如果一個人的認知基模是「沒有人愛我」，當他看到家人合照的貼文時，可能會立刻產生負面情緒。

在社群媒體上分享幸福的人，通常只是想跟其他人分享，並非針對特定的人發布看起來很幸福的家庭合照，他們並不是刻意要炫耀給特定的某個人看。

如果你明知對方並非有意，卻依然感到情緒波動，這時不妨思考看看，是不是自己內心的負面認知基模在作祟？每個人都擁有正面及負面的認知基模，例如「沒有人愛我」或「世界是溫暖的」。

然而，當我們感到痛苦時，負面認知基模更容易浮現。如果我們對自己產生過度的負面認知基模，一直認為自己很糟糕、沒有人愛，即使看到普通的社群媒體貼文，也會感到痛苦。

明明是一則普通的貼文，卻感到很難過——當你產生這樣的想法時，也許應該思考一下，是不是自己的負面認知基模在作祟。

POINT

看到什麼感到不快時，想想是否是自己的偏見？

不由自主地往壞處想，是一種習慣

即使看著同樣的東西，
每個人看到的卻不一樣。

如果你傳了訊息到朋友的 LINE 群組，等了一天卻都還沒收到回覆，你會怎麼想？

（1）「應該要馬上回我 LINE 呀！」覺得很生氣。

（2）「是不是討厭我？」感到不安。

（3）「對方可能很忙吧！」一點也不在意。

大家都有不同的反應，對吧？即使是同樣的事情，每個人的感受方式和解讀方式都不一樣。**雖然我們都看著同樣的東西，但每個人的解讀卻大不相同。**

為什麼會這樣呢？在前一篇文章中提到了「認知基模」，這是一種影響我們思考方式、感受和看待事物方式的習慣。

不要以第一時間的想法做出判斷

以前面的例子來說，若是沒收到訊息回覆，有人就馬上聯想到自己是不是被討厭了？這代表在他的深層意識裡可能有個「沒有人愛我」的認知基模。

也就是說，當你相信「沒有人愛我」時，只要遇到像是傳了訊息卻沒有收到回覆這種事，就會自動聯想到自己被討厭了，簡直就像透過一個扭曲的濾鏡去看待眼前發生的事。

使用「沒有人愛我」這個濾鏡，去判斷「沒有收到回覆」這件事，因此會自動聯想到被討厭了。認知基模會影響「自動思考」，這是心理治療中常見的概念，指的是當發生某件事時，腦中第一時間浮現的想法或影像。

如果認知基模偏向負面，就會自動將眼前的事物往壞處解讀或接收，結果就會產生負面情緒。例如以下的情況：

- 主管說「真是傷腦筋」→「他在責備我」
- 約朋友吃午餐被拒絕→「我被討厭了」
- 後輩遲到→「他看不起我」

我們會不由自主地把事件轉換成負面的，然後產生負面情緒。**因此，當你突然冒出負面情緒時，可能是因為內心的負面認知基模占了上風，才會自動把事情往壞處想。**

這種時候可以稍微抽離一下，反問自己是不是又在自動負面思考，就能比較冷靜地判斷眼前的事件，其實並沒有原先想的這麼糟糕。

POINT

負面思考是一種習慣，但你可以練習克服它。

就算跟大家不一樣，也沒關係

所謂的「正常」，其實只是多數人的選擇而已。

有不少人會煩惱自己是不是很奇怪或是不太正常，可能是因為曾被別人說過「你真的很怪」而感到非常受傷。

其實，「正常」與否，不過就是多數人的意見而已！何況「正常」這個概念會隨著地域、組織、時代而改變。

比如說三十年前，人們普遍認為女人結婚後就要辭職，抽菸也是很平常的事；而強勢的人只要一句話，就會讓「正常」和「常識」產生巨大的變化。

在職場上，如果被主管嚴厲地說「這是常識」，或者被鄰居說「一般人不會這樣做」，很容易就會感到沮喪。

人們常常把個人認定的規則稱為「正常」或「常識」，但其實這是很模糊、容易變化的概念。

常識，其實只是某人的個人觀點

可能是因為相信了原生家庭的規矩或父母的教導，也可能是因為學校所教的內容，讓我們覺得這些正常和常識是對的。

前面提到的要跟所有人融洽相處，就是一個很好的例子。有些人能跟大家相處融洽，有些人卻做不到，因此「一定要跟大家融洽相處」的觀念，其實並不完全正確。

我們可能一直相信父母的教導，認為一定要找一份正經的工作，然後就覺得不找正經工作的人，就是不正常的。但是，「正經的工作」到底是什麼呢？

其實，**當我們使用「正常、常識」或「正經」這些詞語時，往往只是在強迫他人接受自己的觀點**，例如以下這些情況——

「要來參加歡送會，這是常識吧？」

「一般不會挑大家都很忙的旺季請特休吧？」

「都四十多歲了還穿成這樣？應該要穿符合你年齡的衣服。」

但是，以上這些都是很狹隘的觀點。

如果是在紐約、亞塞拜然或是巴布亞紐幾內亞，情況又會如何呢？就算不說到那麼遠的異國，即使只是日本國內，只要居住的區域或工作的公司不同，這些所謂的「正常／常識」也一定會有所差異的。

POINT

不要被大多數人的個人觀點所束縛。

把「被肯定」當成動力，而不是目標

沒必要去猜測對方的行為到底有什麼意圖，
因為這個世界上，
有很多行為其實沒有特別的意義。

雖然有人會說「不用在意別人的看法」，但還是有些人會希望得到別人的肯定。想要被別人肯定，當然不是一件壞事。

- 為了得到主管的肯定，努力工作。
- 為了得到伴侶的肯定，努力下廚。
- 為了得到粉絲的支持，努力每天發文。

如果像這樣把「受到肯定」轉化為動力，也是一件好事。**只是，把受到他人肯定當成「目標」或「終點」，可能會有些危險。**有時候別人只是隨口稱讚，並沒有那麼深遠的意義，而且他們的看法也可能隨時改變。

追求「被肯定」，很容易讓情緒被影響

在公司，曾經讚美你做得很好的主管，可能改天心情不好時，又會說你怎

麼連這麼簡單的事都做不好；在網路上常常給你高評價留言的網友，某天突然就無聲無息了——別人的行為總是讓人摸不著頭緒。

一一去揣測對方的每個行為背後有什麼用意，通常是徒勞無功的，因為這個世界上，有很多行為其實沒有特別的意義。

有時候，我們也會擅自定義對方的言行，結果反而產生誤解。例如，「他跟我說話時總是會看著我的眼睛，是不是對我有好感？」或是「他回覆 LINE 的速度很慢，是不是討厭我？」之類的。

但事實真是如此嗎？對方看著你的眼睛說話，可能是因為他從小就被教育「和別人說話時要看著對方」；回覆 LINE 的速度慢，可能是因為工作期限將近，因為忙碌而沒有時間回覆。

每個人都有自己的情況，感受到的情緒也會因時因地而變化。如果我們對別人的行為擅自做出奇怪的解讀，並自以為是地認定就是如此，就會被對方牽著鼻子走。

「被肯定」這件事，可能會隨著對方的心情而改變，甚至可能只是我們一廂情願的誤解。所以，把別人是否肯定我們，當成「目標」或「終點」是有風險的。

雖然很多人認為必須得到別人的肯定，但其實，就算沒有得到任何人的肯定，我們也依然有活下去的權利。以追求別人的肯定為目標，絕非壞事，但千萬不要認為得不到肯定就沒有意義了。

POINT

不要以「被肯定」為目標。

重要的是，你想怎麼做？

練習好好重視自己「想這麼做」的心情。

因為很在意別人的眼光而無法去做想做的事，這種情況很常見吧？

- 因為不想被認為沒朋友，所以不敢自己單獨去吃拉麵。
- 雖然想休息，但正值公司的旺季，怕同事覺得自己偷懶，所以不敢請假。
- 雖然覺得這樣做不太對，但怕被別人認為個性強勢或不懂看場合講話，所以不敢說出心裡的想法。
- 雖然有想穿的衣服，但又怕別人覺得奇怪，因此不敢穿。

的確，我們總是會在意別人的眼光。如果別人認為我們奇怪，心情會感到難過；如果被排擠，會覺得很傷心。

但是，我們真的有必要特別向那些不懂得欣賞的人，花時間去說明我們的價值嗎？至少，只要能得到親近的人或在意的人的認同就夠了，沒必要對那些不熟悉的人解釋：我其實很認真、我其實很努力。

雖然如此，相信還是有人總是會忍不住在意別人的眼光。

問問自己，為什麼想這麼做？

確實，如果一個人數十年來都習慣活在「在意別人眼光」的模式中，突然要他從今天起不要在意別人的眼光，自由自在地活吧！他一定會覺得很困惑。

這種時候，可以試著把注意力從他人轉移到自己身上，像是——

- 不是擔心會被認為沒人陪，可以先問問自己：想吃拉麵嗎？
- 不是在意同事會怎麼想，可以先思考自己是不是真的需要休假。
- 不是在意別人會怎麼看，可以更深入地去思考為什麼自己認為這樣做不太對？
- 不是擔心別人會覺得自己很奇怪，而是想像穿這件衣服的自己會是什麼模樣。

也就是說，先暫時不考慮是否實際採取行動（自己去吃拉麵、請假等等），

而是誠實地面對自己內心的想法，練習重視「自己的感受」，聆聽內心的聲音。

如果你發現自己的想法是：雖然不確定會不會被認為是沒朋友，但就是想吃碗拉麵，那麼就不必顧忌，盡管去吃吧！讓我們一起更關注自己的內心，活出真實的自己！

POINT

坦誠面對自己的感受，你的眞實想法才是最重要的。

第　三　章

好的人際關係，不該感到委屈心累

無法改變人，那就改變距離

讓你不舒服的人際關係，有可能透過「保持距離」來解決。

當我們總是覺得自己必須改變，或者認為這樣下去不行而否定自己時，應該也有許多人因人際關係而感到困擾吧？

但當我們逐漸解開人際關係的困擾，心情變得輕鬆起來時，可能會發現似乎沒有改變自己的必要。也就是說，我們反而更容易接受現在這個真實的自己。

因此，相較於努力改變自己，重新檢視人際關係或許是另一個更好的選擇。在這一章，我們將聚焦在「人際關係」這個主題上。

首先，我想告訴大家一個大前提：**改變別人是非常困難的，甚至可以說是幾乎不可能；因此，我們能做的只有改變自己。**

然而，你不覺得改變自己其實很困難嗎？

就像你覺得改變自己也很難一樣，對於他人來說也會覺得要改變自己並不容易。雖然我們可以透過學習來精進表達能力、誠心誠意地溝通，或許能影響他人產生一些改變。

但整體而言，改變自己很難，改變他人更是難上加難。不過，我們能做到的，就是從自己開始來改變人際關係。

改善人際關係，不一定得從「人」改變

我們可以從試著改變溝通方式開始。就像大人在教導孩子時，經常會用鼓勵的方式來引導。如果直接下命令，孩子可能會抗拒，但透過巧妙的引導，往往能讓孩子願意配合。

同樣地，如果我們能掌握對方容易接受的用詞、說話的時機和態度，人際關係就有可能產生很大的變化。

或者，我們可以試著調整與他人之間的距離——

「以前總覺得必須和那些讓我感到害怕的媽媽們維持良好關係，但當我決

定保持距離後，心裡反而輕鬆了許多。」

「過去忍氣吞聲地待在一個會霸凌我的主管手下，但成功調到其他部門後，我找回對工作的熱情。」

有時光是透過保持距離，就能解決人際關係問題。

雖然無法改變別人、但卻還是有很多方法可以改善人際關係。人際關係的問題，對我們的人生會造成很大的影響，如果能稍微減輕這些困擾，一定會讓內心感到更輕鬆的。

POINT

改變溝通的方式或改變距離，比改變他人來得容易。

不合拍的人，都是生命中的過客

比起在意那些扯你後腿的人，不如和那些能拉你一把的人好好相處。

我們在生活當中難免會遇到一些討厭的人、不喜歡的人。我們可能會想：為什麼那個人這麼討厭？和這樣的人相處真的好痛苦，他為什麼不改變？

但其實，一直抱著這種想法除了白白浪費時間，完全於事無補。**請你理解並牢記這個前提──改變他人極為困難、他人不可能為了你而改變。**

否則，你就會一直被「要怎麼樣才能讓對方改變？」、「要怎麼樣才能讓對方了解我？」的問題困擾著。

即使你認為對方錯的離譜，也難以改變對方，畢竟每個人都有犯錯的權利；在前面提過，當人際關係讓你感到很痛苦時，保持適當的距離也是一種解決方法。

遇到討厭的人就保持距離吧！如果被不喜歡的人討厭，反而是一件幸運的事。比起在意那些會扯你後腿的人，不如多和那些能幫助你的人交往。

現在發生的事情，二十年後還會在意嗎？

人與人之間的相處，會深深影響著彼此。和個性積極的人相處，我們也會變得樂觀；和個性消極的人相處，則容易感到鬱悶。

如果經常和採取高壓態度的人在一起，我們可能會變得畏縮；如果經常和軟弱的人在一起，我們可能會變得任性。

人格特質是在與他人互動的過程中逐漸形成，也可以說是人際關係形塑出我們現在的模樣。因此，如果現在感到痛苦或難受，不妨遠離那些讓你感到壓力的人。

我知道，有些人會覺得無法這麼輕易地離開。但仔細想想，在中學時期，大家是不是都曾認為這裡的一切都非常重要，甚至認為如果離開這裡，自己的人生就會受到很大的影響？

現在回頭看看，那些人際關係真的有這麼大的影響嗎？當我們長大成人，回首那些曾經在乎的關係，幾乎都變得無足輕重了。

也就是說，**當我們覺得「這就是生命中的一切」時，通常是因為當時的視野太狹隘，或是被錯誤的規則束縛住了。**

如果總是想著那些討厭的人，那麼當我們生命走到盡頭時，腦海裡浮現的畫面，可能就會變成討厭鬼大集合的場面！學會和討厭的人、不擅長應對的人保持距離，是一項非常重要的課題。

POINT

我們無法改變別人，但可以選擇與他們保持距離。

不必爲了他人的情緒感到內疚

對方生氣，是他的問題，沒必要認為是自己的錯。

在我們生活周遭總會遇到這樣的人，他們總是繃緊神經，在別人面前毫不掩飾自己的不悅。或許他們個性比較衝動，也可能是情緒狀況不佳，但很多時候，他們是希望透過「不高興」的情緒來控制他人。例如以下這些常見的狀況：

- 沒有直接表達不滿，而是大力甩門來表達不悅的伴侶。
- 在會議中嘆氣連連或面露不耐煩的表情，透露出自己很不高興的主管。
- 因拒絕對方的邀約，下次巧遇時便對你表現出冷暴力的媽媽朋友。

當伴侶用力關門來表達現在生氣的情緒時，如果另一方的個性比較軟弱，可能會試圖去哄他開心。但對於甩門的這一方來說，這可能成為一種成功的經驗，**讓他覺得只要表達不滿、對方就會低頭，進而養成這種習慣**。

同樣地，對工作表現不滿的主管，可能認為只要自己露出不悅的表情，下屬就會更加努力工作；那些施加冷暴力的媽媽朋友，心裡可能想著，如果你不滿足她的要求，就會得到被冷落的下場。

這些行為都可以歸類為透過展現不悅來控制他人，被這樣對待的人一定會感到非常不舒服。有些人會因此產生強烈的自我否定感，認為都是因為自己的關係，才惹得對方不高興，這會讓他們更加痛苦。

不過，我想告訴大家一個很重要的觀念：**對方生氣，是他的問題，不管你做了什麼，決定要用生氣的情緒來應對的是他。你不需要因為對方的怒氣而感到自責，更不需要因此被對方控制。**

不要干涉別人的感受和情緒，那與你無關

雖然這麼說，但還是有些人會介意，當對方生氣，就忍不住想這是不是自己的問題？如果你也是這樣的人，建議先停下來仔細想想，這真的是你的錯嗎？**別人的情緒「屬於別人」**，比方說，在餐廳遇到點餐錯誤時，有些人會大

發雷霆，有些人則會不太高興，但很快就放下，有些人則根本不在意。

當業績下滑時，有些人會責怪下屬，有些人會試圖找出原因，還有些人則抱持樂觀的態度，認為船到橋頭自然直。

對方是否生氣，歸根究柢是屬於對方的課題。認為對方生氣都是自己的錯，這種想法或許有點太過干涉對方了。

我們不必過度關注對方當下的情緒，如生氣、不悅、沮喪……等等，更不用認為自己與這些情緒有關。

POINT

生氣和不高興的情緒，都是對方的課題，你無須干涉。

無法和情勒者保持距離時，該怎麼做？

練習把對方想像成「貓」，保持心理距離。

小朋友在不開心時，常常會鬧脾氣、撒嬌，試圖用這些方式來達到目的；我們可能會覺得真可愛，或是因為還是小孩子所以就算了。但如果對方是成人，就沒那麼容易一笑置之了。

更糟糕的是，**有些人會把表達不滿和憤怒視為一種操控他人的手段，希望藉此達到目的。**

或許他們並非刻意要用怒氣來控制別人，但過去的經驗可能讓他們發現，「生氣」是驅使別人就範最快、最有效的方法，因此他們便將這種方式運用在人際關係中。

和這樣的人相處會非常麻煩，最好還是遠離這樣的人；**會對他人隨意地表達強烈的情緒，其實是一種暴力行為。**

試著將生氣的對方，想像成可愛的小動物

如果在鄰居或朋友中遇到這樣的人，最好的方式就是默默地保持距離，盡量減少互動。但如果在職場遇到這樣的人，例如主管或同一團隊的同事，這種情況就難以完全避免了。此時，建議你保持心理上的距離。

首先，就像前面提到的，要明確地劃分對方的情緒屬於他自己，是他的課題。眼前這個人的怒氣，是對方的問題，而不是你的錯。你可以這樣想：這個人之所以會生氣，一定有他的理由，他只是在發洩情緒而已。

下一步便是在心理上保持距離，舉個例子來說，如果這個讓你困擾的人是主管，你可以試著把對方想像成一隻貓。

「他在喵喵叫，可能是肚子餓了吧？」

「他看起來很不高興，也許過一段時間就會冷靜下來。」

透過這樣的想像，在內心解讀主管的行為，也就是在心裡把對方當成一隻正在發怒嘶吼的貓來看待。當我們能用這種方式看待眼前大發雷霆的主管時，就能與他保持心理上的距離，就能比較平心靜氣地面對對方，或許也能改善彼此的關係。

當對象發怒、不高興的時候，不要再自責，而是試著與對方保持距離；如果覺得直接保持距離很難，也可以先練習在心理上與對方拉開距離。希望你能記得，這也是一種處理對方負面情緒的方式。

POINT

停止為他人的情緒負責，練習與對方保持心理上的距離。

用「我」當開頭的有效溝通技巧

想要好好溝通，
代表你很重視自己的感受。

上一節提到，如果遇到了習慣用怒氣來情緒勒索的人而感到不愉快時，可以先保持距離一段時間、等難受的程度減輕後，再次嘗試和對方溝通看看。

與人溝通十分重要，當然，對於那些我們不怎麼在意的人，或是覺得並不重要的人，沒有必要勉強自己費盡苦心去溝通。

但是，如果對方對你來說很重要，或是你希望對方能理解你的感受，那麼嘗試溝通也是一種選擇。

當你表達出自己不喜歡被擺臭臉的時候，對方可能會很驚訝：「咦？有嗎？我完全沒發現耶！」當然，也有可能對方會因此而更加不高興。但無論結果如何，表達自己的感受就是一個很大的進步。

雖然努力不一定會馬上看到成果，但表達自己的情緒和想法十分重要，這代表你重視自己的感受。

避免模糊溝通的焦點，從「我」開始說起

當然，這並不是說你可以肆無忌憚地愛說什麼就說什麼，還是要注意用字遣詞。跟各位分享一個能更容易被對方理解的小技巧，**就是把句子開頭改成「我」**。舉例來說，假設有一位丈夫用擺臭臉的方式，想藉此控制太太的情緒。如果太太說：「『你』擺這種臭臉，實在很過分！」丈夫很可能只接收到「你」不可以的訊息。

他會覺得受到了指責，覺得必須反駁因而開始反擊，最後演變為爭吵。「你」這個主詞，聽起來就像是在指責對方不好、有問題，讓對方覺得自己受到攻擊。其實，每個人都有自己的想法和處境。如果別人不了解這些就隨便下判斷，難免會讓人感到生氣。

那麼，如果把主詞換成「我」呢？

「『我』當時感到很害怕也很難過。」

「『我』當時也覺得自己錯了，感到很痛苦。」

把句子的主詞換成「我」，就只是單純地表達自己的感受，並沒有對誰做出任何評判。由於只談論「我」（你）的感受，對方就不容易感到被攻擊、不會有想要反擊的心情，而是單純的事實傳達，因此更容易平靜下來傾聽對話。

不過，我們也不能期待說了就能完全被對方理解，畢竟每個人都來自不同的成長背景，有著不同的價值觀，是完全不同的人。我們不可能百分之百完全理解對方，因此應該放棄非黑即白的思維，而是抱持著正向的態度：**對方可能無法理解全部，但至少懂了某一部分，這樣就夠了。**

POINT

表達感受時，使用「我」當主詞。

在世界上，有許多事情眞的可以算了

他人並不會為了你而活，
因此世事不盡如人意也是理所當然。

很多的人際衝突都是因為大家沒有意識到一個理所當然的道理，那就是其他人並不是為了你而活，所以不會完全按照你的想法來做。

雖然聽起來有點冷酷，不過一旦理解了這個道理，我們就不會那麼容易感到失望。當你想責怪別人或感到怨恨時，請提醒自己，「其他人並不是為了我而活，這也是沒有辦法的事」，這樣會比較容易釋懷。像是以下這些情況——

・孩子沒有考上我期望的學校！

（他人不是為了我而活，所以這也是沒有辦法的事。）

・工作提案沒有被採納！

（他人不是為了我而活，所以這也是沒有辦法的事。）

如果能抱著這樣的想法，是不是多多少少會覺得「好吧～那就算了」。有時候，我們可以巧妙地運用放棄的心情。

別人的好意，不一定非回報不可

相反地，也有一些人沒有意識到這個道理。舉例來說，這應該是很多太太們的共同煩惱：婆婆總是送一些不需要的東西，然後希望得到媳婦的感謝。

婆婆認為，既然送出了東西，得到一聲謝謝不為過吧！但是對於媳婦來說，收到不合自己品味的衣服、家人都不吃的菜餚，或是用不上的贈品，還得表達感謝，其實只有徒增困擾。

這種時候，媳婦們不太可能直接說：「婆婆，我不是為了您而活，不要認為我能夠照您的想法去做！」就算說得出來，但很可能會引發更大的麻煩，因此可以用委婉的拒絕話術，例如說自己正在斷捨離，不想再收新的東西。

要是這樣，婆婆（或任何長輩）還是堅持把東西送過來，也可以先收下，但不需要勉強使用或吃掉，也就是說收下東西、接受婆婆（長輩）想要送東西的心意，但同時也處理掉這些物品（食品），不用留下。**我們無法改變別人的作為，但可以改變自己的行為。**將這兩件事分開來看會更有幫助，既然已經接受了對方的心意，就不必再感到愧疚了。

如果總是覺得對方對自己好、就要回報，那麼我們就會變成為了別人而活的人，或是任由別人擺布的人。

接受對方去做他想做的事，同時也要記得，我們不需要為了別人而活，保持這樣的平衡極為重要。

POINT

只接受對方的心意就好。

有條件的付出不是計較，是自我保護

好好想想，你願意為了誰付出。

心地善良又認真的人，常常會不自覺地陷入被他人剝削的人際關係中，如何不讓自己的善意被濫用、避免被情緒剝削，這一點非常重要，

- 明天還要上班，卻接到朋友的電話說有事商量，結果聽對方講到深夜。
- 借一筆錢給有困難的親戚，對方卻遲遲不歸還。
- 工作總是集中在自己身上，工作量大到讓人吃不消。
- 既要工作又要帶小孩，還要幫忙照顧公婆，感到身心俱疲。

在這些情況下，我們需要時常提醒自己：「我有權利為了自己而活。」為了避免被他人剝削，請不斷地提醒自己這句話。

不過另一方面，我們也要考量到自己還是會想回應他人期待的心情。如果完全不回應任何人的期待，其實也會感到孤單，想幫這個人的忙、為了這個人可以稍微忍耐一下等等，有這樣的想法也是人之常情。

設定好界線後再付出，更能平靜以對

為了伴侶或孩子而想要努力、想回應主管的期待等等，會這樣想的人真的很多吧？這時候，**釐清自己願意為了誰而付出就非常重要了**。這樣一來，就能避免被他人剝削而感到痛苦。

劃分「願意付出的人」和「不應該對他付出的人」非常重要，**而且，除了對象之外，我們也應該思考有關行為的界線**。

- 晚上十點之前，可以接聽吐苦水的商量電話。
- 不借錢，但如果對方真的很困難，最多借三千元。
- 加班不超過兩小時，如果超過這個時間，就要向主管反映。
- 每週最多照顧伴侶的長輩兩天。

這樣一來，我們就可以設定「最多能做到這個程度」的個人規則。**有了這**

些規則，會感覺自己好像稍微掌控了局面；當覺得能掌控事情時，應該就會覺得輕鬆許多。

「被剝削」通常是指我們沒有意識到，屬於自己的東西正在被奪走。但如果是真心想做的事，那就只是單純地幫助自己想幫助的人而已。只需要在能力所及的範圍內、心甘情願地為了「想幫助的人」付出，這樣劃清界線，就能讓心靈更平靜。

POINT

設定付出和幫助他人的個人規則，定下界限。

學會哪些場合不用實話實說的判斷力

有些話不用照實說，
有些話甚至連說都不該說。

你會覺得，說謊是一件壞事嗎？

其實，謊言在某些情況下，也能成為讓不同個性的人順利相處的潤滑劑。**我們沒有必要回應對方不合理的期待或干涉，但也不一定要直接否定對方，讓關係變得尷尬**。為了達到這個目的，謊言也是一種有效的溝通方式。

舉例來說，假設主管要求你嚴厲地指責一位犯了基本錯誤的下屬，不過，你認為這個錯誤其實並不大，只是主管自己最近工作不順、心情不好，才會把氣出在下屬身上。

在這種情況下，你會照著主管的話去做，把下屬嚴厲地訓一頓嗎？還是會委婉地提醒下屬什麼地方做錯了、下次要多注意呢？相信大多數人都會選擇後者吧！

認為這種行為就是說謊的人，或許該重新思考一下「謊言」的定義了。

在當事人面前保持沉默的智慧

那麼，對於會把以下的話原封不動地轉述給你聽的人，你又有什麼樣的看法呢？

「對了，昨天〇〇跟我說你不懂察顏觀色。但我並不這麼想，他真是太過分了！」

你是不是也曾聽過這類明明可以不說、卻偏偏要說出口的話？我把這種喜歡傳遞負面訊息的人，稱為挑撥離間的人。

雖然他們可能自以為是出於好心，想把A說的話告訴B，但實際上卻是在破壞A和B之間的關係。這不就是挑撥離間的人嗎？沒有必要將負面資訊直接傳達給對方。**不說、保持沉默，也是一種選擇**。

大家應該多少有被別人說過壞話的經驗吧？無論是惡毒的批評還是無心的

玩笑，一定都曾被別人說過，我認為沒有必要特地把這些話告訴當事人。

有些事情，不知道反而會更幸福；善意的謊言以及在某些特定的時候保持沉默，這些也是重要的溝通方式。

POINT

提防那些看似為你好、但其實是在挑撥離間的人。

不想原諒、不想忍耐，真的沒關係

當你猶豫不決時，
想想看能不能接受做出這個決定的自己。

原諒別人真的不容易，像是面對以下這些情況，很容易感到生氣、難過，甚至每每想起就痛苦不已、無法原諒對方——

- 當客戶發生糾紛時，主管卻把責任推到你身上。
- 當伴侶的長輩說風涼話時，伴侶卻沒有為你說話。
- 被講話很難聽的主管職場霸凌。

但如果一直無法釋懷，痛苦的就會是自己。**或許我們可以換個角度思考，與其糾結在能否原諒對方，不如想想能否接納原諒了對方的自己。**畢竟，我們可能不會再和對方見面，卻要與自己相伴一生。

也有些人雖然也感到憤怒，卻會一再告訴自己算了、忍一下就好了、「我又沒有資格說什麼」，總是把自己的感受放在最後；這樣的人，或許不太懂得愛自己。

就是喜歡這個不夠完美的自己！

為了更愛自己，你可以從另一個角度思考：能不能接受這個還無法原諒對方的自己？

當你發現自己無法原諒主管、伴侶或欺負你的人時，**別自責不夠成熟或感覺很糟糕，而是站在另一個角度思考——「這樣的我也沒關係」，練習接納這樣的自己。**

肯定那個能力不足、不夠成熟、不夠好的自己，即使有時覺得自己很糟糕，也要學會原諒自己，這才是自愛的表現。

我們常常聽到「自我肯定感」這個詞，有些人會說，穿便宜的衣服會降低自我肯定感，但這其實是誤解。

自我肯定，指的是接受最真實的自己，無論好壞。自我肯定並不是指「因為能做到〇〇，所以能肯定自己」，要學會接納工作能力不佳、不夠優秀、不聰明、不可愛的自己。

不論是怎樣的自己，都應該被無條件地接納，一味地忍耐或自我否定，這樣是不行的，即使能力不足或不夠完美，也是珍貴的自己，接納這樣原原本本的自我。

POINT

接受能力不足、不夠完美的自己。

每個人有不同的看法，很正常

有許多人會為了解決「沒有標準答案」的問題而煩惱，很可惜，世上多數事情並不是非黑即白。

我們的日常生活中，常常會遇到難以理解的人，例如總是愛打斷人說話、早上看到他時總是臭臉、每次都不把東西收拾好等等。在這世界上，我們會遇到各種各樣的人。

遇到這種情況，我們很容易反覆回想這些令自己惱怒的對象，甚至不想見到對方。但是，這麼做只會降低人生的CP值。

與其一直去想為什麼這個人會這樣，不如試著以「接受對方就是這樣」的輕鬆態度去面對，更能避免消耗不必要的精力。

在日常生活中，避免耗費精力也非常重要。現今這個世界，所有的大小事都提倡節能減碳，人際關係也應該如此，總不能只有與人相處時要耗費大量的精力吧？

生氣既耗時又耗力，要是生氣能解決問題也就罷了，但在多數情況下，通常無法解決問題。

無須在意這麼多不同的想法和意見

世界上的人們形形色色，有著不同的文化和背景，因此我們常會遇到無法理解或是無法如我們所願的人。如果一直糾結於這些差異，浪費寶貴的時間和精力，實在是不值得。

這種時候不妨提醒自己，「這個人就是這樣」、「原來還有這樣的想法」，然後選擇不去在意。

有許多人會習慣性地認為，意見不同就是敵方。當別人直接表達與自己不同的意見時，我們很容易感到驚訝，甚至認為對方不尊重自己，或是將對方視為敵人。

其實，這單純只是意見不同而已。每個人都是獨特的個體，擁有不同的觀點並不值得大驚小怪。或許是因為日本人習慣委婉表達，所以當聽到不同的意見時，很容易產生對立感。然而，**那些和你意見不同的人，只是在表達他們的想法，並非有意要攻擊你。**特別是當我們習慣非黑即白的極端對立的思維時，很容易陷入誰對誰錯的爭論。

許多人總是費盡心思，想在沒有正確解答的問題上找出正確答案；可惜的是，這個世界上有很多事情並不是非黑即白。

當遇到不同意見時，我們可以換個角度想：原來還有這樣的看法！而不是一味固執己見，認為一定錯在對方。這樣一來，我們就能更輕鬆地面對這個多元化的世界。

POINT

告訴自己：「原來也有這樣的看法！」

第四章

練習以自己想要的為優先

沒有什麼事情是「應該」或「一定」的

不要追求「一般人」或「正常人」這種不存在的理想形象。

在生活中，似乎有很多被認為「應該」做的事，例如「應該」和大家相處融洽，在職場上「應該」具有協調性，「應該」要努力地工作、不要總是想著休假，對孩子「應該」保持微笑、不能發脾氣等等。

這些話乍看之下似乎很有道理，但真的就該這樣做嗎？對某些人來說，這些要求或許可有可無，有些要求可能覺得自己做不到或十分勉強。也就是說，「應該」做的事，並不適用於每一個人。

我發現，愈是善良、認真、勤奮的人，往往愈看重「應該」和「必須」。

這並不是壞事，甚至對工作和生活有幫助。但是，如果因此讓你感到痛苦，或者無法做自己想做的事，那麼或許可以試著放掉對「應該」的執著。**我們一直在追求一個根本不存在的「普通人」、「正常人」的形象，因此才會感到辛苦。**

比起「應該要」，更重要的是「你想要」

每個人都是獨一無二，無論是喜好、想做的事、擅長的事、不擅長的事，甚至體力和承受能力都不同，將所有人用「應該」和「必須」來概括，這不是很奇怪嗎？

社會上充斥著這些「應該」和「必須」，但如果我們一味地接受這些觀念，就會看不清自己真正想做的事，也感受不到真正的幸福。因此，我們應該學著關注被這些「應該」和「必須」所掩蓋的真實感受。仔細想想，你知道自己的感受是什麼嗎？

——雖然應該努力工作，但其實更想多休息一下。

——在職場上要重視團隊合作，但要迎合每個人的需求實在太困難了！真的很不想勉強自己。

——比起為了工作和家務而煩惱，更想陪伴孩子開心玩耍。

——比起為了工作而不斷地進修，更想悠閒地工作。

以上這些都是我們內心最真實的想法，正視自己的心聲，暫時放下那些「應該」和「必須」；當你不再執著於這些，就會發現自己真正想要的是什麼。

POINT

放掉「應該」的執念，傾聽內在的聲音。

生命中的小確幸，
其實還不少！

試著寫下自己感到幸福的事。

對於「想要做什麼」、「什麼事情會感到幸福」的提問，每個人都有各自的答案。就拿「休息」來說，有人想放假、有人想工作、有人想旅行、有人想在家放鬆。只要我們珍惜這些日常生活中「我想要……」的感受，生活就會有很大的變化。

幸福是個很抽象的概念，因此，如果不好好面對自己，靜下心來聆聽內心的渴望，就難以了解真正想要的幸福是什麼。

對你而言的幸福，是什麼呢？在筆記本或一張紙上，寫下「感到幸福的事」。不必是重大的事，小小的幸福也能讓我們感到滿足，也許是——

- 喝一杯熱呼呼的拿鐵。
- 在晴朗的天氣裡，到寬闊的公園野餐。
- 撫摸貓咪軟軟的肉球。
- 睡在剛洗好的床單上。

・去看心儀偶像的演唱會。
・週末假日去爬山。

對於你而言，幸福是什麼？

實際條列出來之後，你一定會發現，能讓自己感到幸福的事有很多！真的，一點點小事就夠了。

靜下心來慢慢回想：「啊，那時候，我感覺到了一陣溫暖」、「做這件事的時候，真的很開心」、「最近覺得最幸福的時刻是……」。**當你靜下心來，專注於自己的感受，並將它們寫下來，會發現其實你擁有許多幸福的時刻。**

這樣一來，你就不會再被「應該」和「必須」所束縛，也不會被別人的幸福觀所影響，屬於自己的幸福會漸漸地清晰起來。

哪些事情讓你覺得自己很幸福？

-
-
-
-
-
-
-
-
-
-
-

哪些事物是不想失去的？

-
-
-
-
-
-
-
-
-
-
-

如果你還不太清楚自己想要的幸福是什麼，可以試試看寫下「不想失去的事物」。**比起「想要什麼」，思考「不想失去什麼」，反而更容易看出自己想要的幸福模樣。**

例如，如果你不確定「在工作上獲得肯定、升職加薪」是不是自己的幸福，可以想想看，如果這樣做會減少和家人的相處時間，會有什麼感覺？如果覺得比起工作上的升遷，更不想失去和家人相處的時間，那麼這就是你不想失去的東西。

透過思考「不想失去的事物」，你會慢慢勾勒出屬於自己的幸福輪廓，更了解自己想要過什麼樣的生活。

POINT

不想失去的事物，就是讓你感到幸福的事物。

眞心想要的，才是幸福

你的幸福，不要讓別人來定義。

有些人可能會漸漸感到，人生的幸福變得模糊不清、難以定義；他們不知道自己想要成為什麼樣的人、想要過什麼樣的人生。當我們不知道自己真正的幸福是什麼時，很容易會追隨他人、父母或朋友所定義的幸福。

例如，有些人會聽從父母的建議，考上好大學，成為公務員。雖然這能帶來穩定的未來，但對於那些渴望冒險、追求刺激的人來說，這可能並不是真正的幸福。父母認為的幸福和自己認為的幸福可能不同，他人的意見終究只是他人的意見。

不要讓其他人來定義你的幸福，試著建立屬於自己的人生軸線吧！一個能讓你自信地說出「我想要成為這樣的人」、「我想要過這種人生」的軸線。對你而言，幸福的生活是什麼樣貌呢？

有人追求穩定，認為成為正式員工、擁有安穩的工作才是幸福；有人嚮往自由，覺得當個不受拘束的自由工作者更自在、更幸福。

有人覺得結婚生子、建立家庭是幸福的歸宿；有人則認為專心工作、享受無拘無束的生活才是真正的幸福。

有人夢想著擁有自己的房子，認為那樣才踏實；有人則喜歡租屋的靈活，覺得可以隨時換個環境，活得更自在。

別人認為的，不一定是你想要的

當我們不清楚自己內心真正的渴望，就會陷入這樣的矛盾：嚮往獨處，卻又羨慕朋友的婚姻；渴望安定，卻又嫉妒他人四處旅行的自由。

這不禁讓我們思考：「別人的意見」和「自己的幸福」，究竟有何不同？**我認為關鍵在於如何區分出你真正的想法和你認為應該做的事。**先試著列出你認為「應該」做的事，也許腦中會浮現以下這些想法：

——應該要進入好公司，成為正式員工。

——不要再追夢了，應該找一份穩定的工作。

——應該早點結婚，讓父母安心。

——喜歡的人雖然帥氣又幽默，但結婚應該挑選穩重、有正當職業的人。

——即使和伴侶的家人處不來，也應該設法維持好關係。

然後面對這些想法，捫心自問：**我真的認為應該這樣做嗎？我真的發自內心這麼想的嗎？**

這時候，你或許會發現內心浮現出不一樣的聲音：「不對，這不是我真正的想法」、「比起穩定的工作，我更渴望追求自己的夢想」、「為了讓父母安心而結婚是不對的，我應該要和一個我真正心喜歡、性格契合的人在一起」。

這些，才是你內心深處的聲音，請勇敢地去面對內心這些真正的想法。**那些總是思考著「應該」或「必須」的人，很容易忽視內心的真心話。**

正因為如此，他們看不清自己真正想做的事、想成為的人，也就難以找到幸福的樣貌。請你留一些時間給自己，靜下心來，好好思考「真正的想法」和「應該」之間的差異。

POINT

辨別自己真正想做的事，和以為應該做的事。

你認為「應該做的事情」

問問自己，真的是這麼想嗎？

人都可能犯錯，但不必每次都要負全責

不要太自責，也不要對自己太嚴苛。

有些人即使遇到人際關係上的不公，甚至受到無端的指責時，依然會過度反省，認為都是自己的錯、是自己做得不夠好。此外，這些人往往還會覺得現在必須做出改變、不能這樣下去——似乎對自己過於苛刻了。

舉個例子來說，假設你負責一個案子，但最後沒有成功。雖然已經盡了全力，中間還遇到了一些突發事件，而且客戶本身也有自己的考量。但主管卻滿臉不悅地對你說：「什麼？那個案子沒談成？」就回座位了。

這時候，有些人可能因此感到慌亂，把主管生氣一事完全歸咎於自己。然而，事情的發生或人際關係裡，很少有「完全是某一方的錯」的情況。**有時我們認為「全都是我的錯」，但事實上並不用負全責。**

先找出原因，再一一評估責任占比

遇到這種情況時，可以試著找出造成問題的各種因素，並一一打分數（不用太精確，大概估算就好）：

「因為發生了那個意外，所以才會這樣，這也是沒辦法的事。」

「畢竟是跟別人合作，對方也有自己的想法和考量。」

「不過，也許我還可以換個方式處理，這部分算是我的責任。」

接著，你可以為每個因素分配一個百分比。例如：**意外占二成，對方的因素占三成，自己的能力和處理方式占五成。**透過這樣的冷靜分析後，你會發現把百分之百的責任都攬在自己身上並不合理。

當然，這些數字只是個人的主觀判斷，不一定完全準確。但這樣的思考能幫助自己意識到，並不是每件事情出了差錯時都得獨自承擔所有責任。

不可否認，我們不是完全沒有責任。但事實上，事情和人際關係往往沒有絕對的對錯，因此沒必要過度自責，對自己太嚴苛。

POINT

練習將人際關係和發生的事情數值化，減輕自責的壓力。

先穩定情緒，再解決問題

想一想，這也可能不全是對方的錯？

與上一節內容情況相反，有些人在問題發生時，會認為都是別人的錯、總是將問題歸咎於他人。

當我們將問題歸咎於自己時，稱為「自責思考」；**當我們將問題歸咎於他人時，則稱為「他責思考」，也就是總是認為都是別人的錯，其實也很危險。**

雖然他責思考的人比較不容易感到直接的壓力，但他們很難覺察自己的問題，因此成長緩慢。此外，他們容易與他人產生衝突，難以建立信任關係，久而久之也會感到壓力。

他責思考傾向太嚴重，也會產生問題；這時候，不妨試著換個角度思考。

找出問題的原因，比究責更重要

當你因為「都是對方的錯」而感到憤怒或沮喪時，試著換個角度想想看：

事情不可能絕對，如果並非百分之百是對方的錯，還有哪些其他因素呢？例如，家事分工不均常常是伴侶間的爭吵點。當另一半不做家事、感覺每天都快累死而火大時，責任真的完全在對方身上嗎？仔細想想，也許問題是——

- 沒有明確告訴伴侶，希望他負責哪些項目。
- 沒有告訴對方自己做家事的流程。
- 一直認為伴侶應該主動做家事，不是等自己提出要求。
- 覺得家事一定要做到完美。

如果這些情況存在，那麼問題可能不完全是伴侶的錯。當一肚子火、覺得都是對方的錯時，不妨換個角度思考：「如果這件事不完全是伴侶的錯，還有哪些其他因素呢？」

你可能會想到其他原因，像是如果問題出在自己身上，是不是因為「表達方式」？或思考自己是否太過完美主義？也或許是自己沒有清楚地告訴另一半、希望他要先完成哪些事情？

透過這樣的思考，我們會發現自己也有一些責任。這或許能成為一個契機，讓我們遇到問題時不再因為感到全都是其他人的錯、而滿懷消不去的怒氣。

不過，這並不代表我們應該責怪自己；人都有自我防衛的心理，會傾向認為自己沒有錯。但事實上，我們有可能會犯錯、會誤解，有時候問題或許出在自己身上。

思考問題發生的因素和不斷追究自己的責任，這是兩回事。釐清問題之所以發生的原因，有助於我們避免重蹈覆轍，讓往後的生活更順利。

POINT

我們都會犯錯，這很正常。

先道歉，是讓對方冷靜下來的技巧

可以為錯誤而道歉，
但不需要否定犯錯的自己。

有些人總是習慣性地道歉、處處小心翼翼，即使沒有做錯任何事，也會下意識地表達歉意，像是——

- 動不動就說「對不起」。
- 每天加班，認為是自己工作效率太低。
- 再怎麼忙，也認為必須立即回覆 LINE 的訊息。
- 被誇獎時，立刻否認「沒這回事」。

如果我們的確做錯事或惹了麻煩，確實需要誠摯地道歉，或者雖然不是自己的錯，**但若是先道歉就能讓對方的情緒平靜下來，這麼做也無妨**。當對方情緒激動，無法理性溝通時，「對不起」就像是一種類似鎮定劑、安撫對方的工具，我們可以先說聲「對不起」，然後等待對方冷靜下來。

如果一聲道歉能成為化解衝突的武器，我認為這完全沒有問題；畢竟，把情緒當作一種談判策略，也是一種技巧。

不要因為犯錯就輕易地否定自己

然而，如果在說了「對不起」之後，仍不斷自責「我真沒用」、「都是我的錯」，那就要注意了！遇到這種情況，我希望你能先暫停一下。

舉個例子，工作上出了錯，你可能會感到沮喪，覺得自己真是太沒用了！當然，為了錯誤而道歉是理所當然，但將「犯錯」和「否定自己」直接畫上等號，就有些過頭了。

關鍵在於必須將「為錯誤道歉（就事論事）」和「否定自己（自我評價）」這兩件事區分開來。犯了一個小錯就立刻說「我真沒用」、「這樣會被扣分」這種否定自己的話，是應該要戒除的不良習慣。

「因為訊息回覆太慢而道歉」，這合情合理；但不需要因此自我否定，覺得自己有夠爛之類。此外，「被人誇獎而感到意外」，這是正常的反應，但不必因此自貶，覺得自己不值得被稱讚。

如果以上兩種截然不同的狀況讓你感到自我否定的情緒時，先暫時將這種感覺放在一邊、就事論事的接受做錯的事情和被誇獎的事情吧！

POINT

出現自我否定的情緒時，先暫時將這種感覺放在一邊。

不是所有人的想法
都非接受不可

珍惜原本的個性與真實的自我。

有時候我們會接收到他人給的建議，像是不用太在意這種小事、應該聽聽別人的意見、應該多觀察旁人的臉色等等。

這些話聽起來好像很中肯，其實有時只是對方隨口說說，沒有什麼深意；也有可能說這些話的人只是強人所難，企圖讓你按照他的意思去做。

然而，個性認真、努力、善良的人，在聽到這些建議時，往往會認真思考自己是不是應該改進、也許該嘗試更好的做法等等，會試著找出自己的不足，並努力改善。

這樣的人會暗暗地想，一定要改掉這個壞習慣，或者再次認為自己還不夠好、應該要更努力。他們會跟別人比較，想要彌補不足之處。

我們常常會不自覺地陷入反省與改善的循環中，當做錯事或事情不如意時，第一時間的反應就是不斷地反省：「早知道就……」、「下次一定要……」然後，又再一次努力地去改進。

但是這樣的「反省」與「改善」，真的對自己有意義嗎？真的那麼重要嗎？如果因為別人一句不經意、不合理的要求，因而讓你壓抑自己獨特的個性與優點，這實在太可惜了。

「在意小事」，代表你的心思細膩；「不輕易聽信他人」，則表示你不會人云亦云，懂得獨立思考；而「無法顧及他人」，有可能是因為你專注力高。

過度的反省與改善，常會抹殺掉自己原本的優點與特質；比起自我檢討，更應該優先照顧好身心，讓自己的情緒處於平靜的狀態。

不是任何人的意見，都值得我們在意

當有人說了讓你在意或感覺被刺傷的話時，不要急著反省並努力改進，而是先停下來好好照顧自己的身心，然後在狀態良好的情況下，回頭審視那些話語。例如將這些話寫在筆記本上，思考看看——

「這些話到底是什麼意思？」

「我真的有需要反省或改進的地方嗎？」

「如果反省或改進，會不會違背了我的本性？」

常常聽到別人隨口的一句話，我們就容易陷入「必須改變」、「這樣不行」的自我反省；當然這樣做也沒有錯，但更重要的是應該先照顧好身心，在放鬆的狀態下好好地審視自己。

同時，我也希望你能珍視自己原本的特質和最真實的自我，當發自內心主動地想要改變時，再去改變也不遲。

POINT

不需要一聽到別人的「指教」，就急著反省或改進。

寫下讓你：

（1）感覺在意的話

（2）感覺內心被刺傷的話

想想看：

（1）有需要自省或改進的地方嗎？

（2）這些改進，是不是感覺很勉強、很不像自己？

學會判斷
可以不做的事情

規定一週只能休息兩天的人真是太壞了！
就算這樣覺得也沒關係。

我曾經聽過有人的煩惱是：總覺得該把這件事做好、那件事也要處理一下，雖然安排事情的能力還算可以，但與家人相處的時間卻愈來愈少……

這種情況特別容易發生在認真、努力的人身上，當然，如果努力能帶來好的結果，那當然是好事，但是，如果因為過度努力而感到身心俱疲，甚至心力交瘁，快要撐不下去的時候，適度放鬆也是一種不錯的方法。

想要學會放鬆的關鍵，是在自己忙到快要超過極限前，就先思考有沒有哪些事情是可以放手的。

舉例來說，假設手邊的工作已經堆積如山，這時主管又交付了一件急件。如果沒想過「或許有哪些事情現在可以先暫緩、不做也可以」，就可能會因為手頭上的工作還沒做完、卻又無法拒絕主管交辦的新任務，覺得好痛苦、快要受不了，是不是乾脆辭職算了！

不是每件事情都要做到百分之百

但如果你能養成習慣，先思考手上有哪些工作可以暫時放下、之後再做的話，當面臨手邊的工作還沒做完、卻又被交派新的任務時，就能主動意識自己好像快要撐不住了，是不是該放下一些可以不做的事情？

接著，你或許會想到一些解決方法，例如：

「可以跟別人商量，把現在的工作延後一點嗎？」

「主管交辦的任務，能不能只接手一部分？」

比起硬撐到最後，身心俱疲地喊著再也受不了了，這樣的方法是不是好多了？為了能做到這一點，平時就要了解自己的能力上限，像是通常要花多少時間才能完成某項工作，以及需要多久休息一次等等。

每個人的工作能力、體力以及重視的先後順序都不一樣，**了解自己的能力**

上限和當工作量過大時如何取捨內容，是非常重要的。

你是不是也曾經想過，究竟是誰規定一週一定要工作五天？我偶爾會開玩笑地說：「把一週分成五天工作、兩天休假的人真糟糕，退一萬步來說，應該是四天工作、三天休假才對吧？是不是邏輯不好啊？」

POINT

養成這樣思考的習慣：有沒有哪些事情，不做也可以？

別把自己困在無法改變的事物上

專注在「可以改變的事物」上，活出精彩的人生。

許多事情往往並非單一因素造成，而是多重原因相互影響的結果。舉例來說，有些人在看診時會說因為工作壓力導致自己罹患了適應障礙症*。但實際上，問題可能沒這麼單純。

雖然工作確實是其中一個原因，但還有許多其他因素可能同時影響著這個人，例如個人的認知問題、周遭缺乏可求助的對象、與父母的關係等等。因此，我們不應該用非黑即白、零或一百的極端思考方式來看待問題。

大家常說的「父母轉蛋」就是一個很好的例子：之所以不幸福，都是因為沒有出生在家境富裕的家庭，一開始就輸在起跑點。

我不否認父母的影響確實很大，但這並不代表人的一生都要受父母束縛。

* Adjustment Disorder，是指個人在遭遇壓力事件後，出現抑鬱、焦慮、品行或其他適應障礙，影響日常生活運作的心理疾病。

我們可以試著尋找其他信任的人，或者與父母保持距離，但這並不代表我們完全不需要去探究問題的原因。

例如，有些人因為父母嚴格的管教，從小就不允許表達自己的意見，導致長大後也不敢向他人表達自己的想法。了解到自己有這樣的特質，有助於如何建立起良好的人際關係。

但是，我們無法改變過去父母嚴格管教的事實；你不需要原諒或接受父母的行為，但也不要一直糾結於過去，浪費掉寶貴的現在和未來。與其一直執著於無法改變的事物，不如將目光轉向可以改變的部分，活出精彩的人生。

掌握「可以改變的」，放下「無法改變的」

當你想要改變自己時，試著將事情分成「可以改變的」和「無法改變的」

兩個部分，這樣會更有幫助。例如，當想要改變不敢表達意見的個性——

【可以改變的】

- 「不知道自己想說什麼」→認真思考自己的感受。
- 「被邀請時總是無法拒絕」→當不想去的時候就拒絕。
- 「總是隨和地附和別人」→當覺得不對時，先保持沉默。
- 「和不願意聽取意見的朋友保持距離」。

【無法改變的】

- 父母總是強迫我接受他們的觀點→雖然可以說「不要」，但本質上無法改變。
- 過去在職場上遇到霸凌卻不敢反抗，回想起來很痛苦→過去已經發生了，無法改變。

這樣一列出來，你就會發現，可以改變的都與「未來」和「自己」有關，無法改變的則與「過去」和「他人」有關。

我們把關注未來稱為「未來思考」，關注過去稱為「過去思考」。雖然從過去的失敗和經驗中學習很重要，但如果你想要改變自己邁出新的一步，那麼「未來思考」會更適合你。

當你失敗時，你是懊惱「如果當初那麼做就好了」，還是記取教訓，心想「下次要這樣做」？不同的思維將大大影響你對世界的看法。

POINT

試著列出「可以改變的」和「無法改變的」事情。

可以改變的事情

無法改變的事情

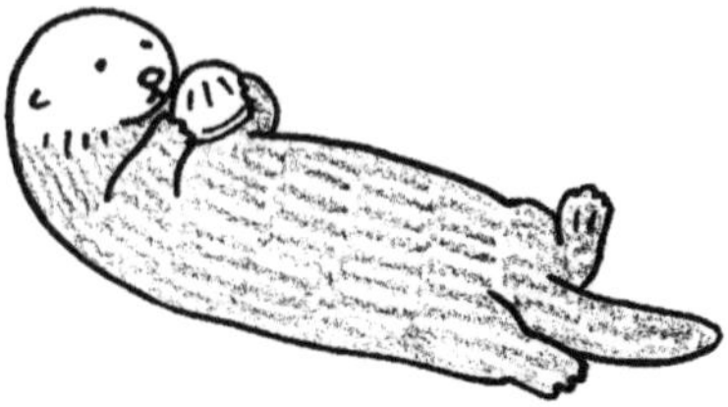

第　五　章

改變，是要成為自己喜歡的樣子

改變的動力，不是爲了符合誰的標準

不要在意別人的評價。

想改變的時候，永遠以自我為中心，

不要受他人眼光的影響。

到目前為止，我一直在和許多想要改變自己的人說，其實真的不需要那麼努力地改變自己。

這是因為，**當人們想要改變時，通常是處於心情低落、身心疲憊或感到困擾的狀態**；在這種情況下，若是做出「改變」這樣重大的決定，不見得結果會是好的。

就像我在第一章提到過「改變」背後的意思，大多是覺得自己現在不行、認為必須要變得更好，也就是否定自己現在的狀態。

這種自我否定可能會消耗大量的能量，甚至讓你感到痛苦。**因此，如果你想改變，不是「勉強」、「努力」去改變，最好是在身心都感覺良好、自然而然地產生「想要改變」的想法時，再付諸行動。**

也就是說，當內心突然湧現出「我想改變」的念頭時，那就是最佳時機。

在這一章的內容中，會有許多小提示，幫助你在這樣的時刻做出改變。

改變，是要發自內心「為了自己好」

當想要有所改變時，希望各位一定要記得，別為了他人的評價而做出改變。許多人在想要改變時，都會有一個理想的形象，例如希望（別人覺得我）很開朗、想成為一個（和他人相較下）工作能力很強的人等等。

雖然有這樣的想法並沒有錯，但如果把「別人的評價」當作改變的唯一目標，就不太好了。過度在意別人的看法，就等於把自己的價值交給別人來決定。

你的價值不是由他人來決定，不要因為他人的評價而強迫自己改變。**當想要做出改變時，一定要是自然而然、發自內心，是為了「自己」而改變，而不是為了迎合誰的期望或標準**——希望你能牢記這一點。

而且，每個人本來就有很多面相，有開朗的一面、也會有陰暗的一面；有時候對人很溫柔，有時候卻有點苛薄或不耐。

每個人的經歷和時機都不同，有時處於能發揮所長的環境，有時卻綁手綁腳；有時充滿活力、幹勁十足，有時因為痛苦而只希望一整天獨自在家；因此，別人對我們人生當中某個片段做出的的評價，其實並沒有太大的意義啊！

POINT

自己的價值，不應該交由別人決定。

練習拒絕內耗的關係和要求

當你想改變時，「先休息一下」反而更重要。

當你想要改變時，我通常會建議「先休息一下」。你可能會納悶：「咦？想改變的時候，不是應該馬上行動嗎？」

但其實，任何行動都需要消耗能量，**因此在行動之前，先補充好能量非常重要。**如果在能量不足的情況下急著行動，很容易感到疲憊、身心俱疲，甚至會產生不安，導致自信心下降。

把自己的需求擺在第一位

為了「儲存能量」，我想請你特別注意的是「勇於拒絕」。

太在意別人的看法，或是一味想要迎合他人，很容易消耗自己的能量。當你感到快要耗盡時，不妨大方的拒絕！例如以下的情況——

・主管突然交辦不可能完成的工作：明天之前完成這份複雜的資料。

▼先報告目前手上的工作進度，然後希望將交期延至後天。

・住在附近的親戚，突然表示現在要來訪！

▼回答對方，今天已經有約、不會在家。

・同事邀約這個星期五大家一起去喝酒。

▼不想參與，就直接拒絕。

像這樣，對於做不到的事情、感到為難的要求、不感興趣的事、不想做的事、覺得沒有必要的事，都可以明確地拒絕。

許多人沒有意識到，人人都有權力拒絕自己不喜歡的事，可以大聲說出來，沒關係的。當然，根據拒絕的對象不同，可能會被認為太驕傲、太冷淡，甚至沒禮貌。

但是，**無論別人怎麼想，都不會改變你的價值，也並不會因為沒有得到某**

個人的肯定，就此一落千丈，只是代表「懂你的人」和「不懂你的人」不一樣而已！你可以決定自己的價值。

為了降低內耗，請鼓起勇氣拒絕自己根本不樂意、又勉強的要求吧！

POINT

你擁有對不喜歡、不想做的事情說「不」的權利。

比起待辦清單，更需要「不用做的清單」

好好思考自己需要什麼？
不需要什麼？

當你想改變時，通常會很積極地告訴自己：「好，我要努力！」不過，比起努力，更重要的是如何學會聰明地偷懶。**我們應該追求的是懂得適度放鬆的技巧，而不是只知道埋頭拼命。**

許多人常說上天不會給我們無法承受的考驗，但這句話通常是幸運克服難關的人說出來的。如果你一味相信這句話、過度勉強，很可能會因此內心崩潰！小心，別太逼迫自己了。

每個人的能力都是有限的，關鍵在於如何將時間用在真正重要的事情上；該放鬆的時候就要放鬆，聰明地處理事情。

不過，「偷懶」這個詞很容易讓人聯想到負面印象，像是自私、狡猾、拍馬屁、只注重表面工夫等等，甚至有些人會認為，為什麼那些做事效率高的人明明沒有這麼努力，看起來卻過得比自己還好，真是太不公平了！

待辦事項也要斷捨離

但我認為擅長掌握要領的人，其實是懂得自己需要什麼，又該捨棄什麼的人，他們通常會具備以下特質：

- 了解自己的能力範圍。
- 有勇氣捨棄不需要的東西。
- 不會被「應該」、「一定要」的想法束縛。
- 不會追求完美。
- 不會一味犧牲自己。

學習這些擅長掌握要領的思維，或許能幫助你找到屬於自己的改變方式。

當我們想改變時，往往會想到要開始減肥、要去考證照之類的，也就是不斷地增加新的目標；但其實，我們應該先從「減法」開始，因為沒有空間，就無法容納新的東西。

各位應該花時間思考的，不是增加新的目標，而是目前不需要什麼？可以捨棄哪些東西？

當你覺得事情太多時，不妨停下來思考，這件事真的需要你來做嗎？現在做這件事合適嗎？一定要全部做完嗎？說不定你會發現，不管在生活或工作上，很多事情其實可以不用做。

POINT

尋找可以「不做的事物」，而不是增加「要做的事」。

承認自己的不完美和軟弱

懂得依靠他人，也是一種強項。

當想要改變時，思考捨棄什麼固然重要，但尋求幫助同樣不可或缺。因此，正如第一章所提到的，我們應該練習如何開口求助。**「改變」是一件非常困難的事，需要消耗非常多的能量。**我們不可能總是充滿活力，偶爾也會感到沮喪，甚至會遇到超出負荷的工作。在這種情況下，有效的做法是尋求幫助、依靠他人，甚至撒嬌也可以。

一棵樹是否會折斷，不在於樹本身是否茁壯，而在於是否有風障或支撐物。人心也是如此，當我們快要撐不下去時，是否有人伸出援手才是關鍵。但不知為何，總是只有個人的脆弱會受到批評。

願意求助，就是一種改變

許多人似乎誤以為獨自努力才是堅強，不過，能夠依靠他人也是一種強項。

我相信拿起這本書的讀者們，一定有不少人想成為更強大的自己。然而，如果只依賴個人的意志力，心很容易就會崩潰。

不妨換個角度思考，試著尋找可以求助或依靠的人。例如，如果主管交代的工作眼看無法在截止日期前完成，可以試著開口求助。

在開口求助前，可能會擔心自己被認為依賴性太重、或是被認定為能力不足，不過事實上，你可能會得到這樣的回應——

主管：「這個期限確實太趕了，不然改成下週一交吧！」

同事：「我剛好有空，可以幫你忙。」

當然，開口求助後，也可能得到「為什麼不早點講」、「那就加班做完吧」之類並不盡如人意的回應；但是在改變過程中，你最需要養成的強項是開口求助的勇氣，找到可以依賴和請教的人，請他們協助並幫忙。

POINT

在日常生活和工作場所中，找到可以求助、依靠的對象。

感覺勉強，
就還不到改變的時候

想要面對自己並做出改變，
關鍵在於時機。

改變自己是很辛苦的，因為這也代表否定當下的自己，其實需要很大的勇氣。有些人甚至可能需要面對過去不愉快的回憶。

如果因為想改變卻改變不了而感到苦惱時，不妨先告訴自己：現在還不是時候。

要在內心產生改變的念頭並不容易，我在身心科工作，目標是治療疾病，因此會向患者們解釋改變的必要性，讓他們理解為什麼需要做出改變。

然而，醫生們不會一開始就對每個人都說這些，而是會觀察患者的狀態，等到他們有能力接受這些資訊時，才會謹慎地挑選時機來談改變。

與自己對話的時機很重要，很多人會用「風雨總會停」來鼓勵他人，這或許是一句溫柔的話，但是對於正處於困境的人來說，可能會覺得自己正在遭受風吹雨淋，到底在說什麼風涼話？現在只想趕快解決問題！甚至有人會生氣地說：「你在無風無雨的室內，當然可以說得輕鬆！」

而且，人生的煩惱不像下雨般很快就停歇，往往會持續很久、甚至揮之不去。不過，這並不表示我們要因為這些源源不斷的煩惱而感到絕望。

問問自己，現在是改變的好時機嗎？

人類是一種很能適應環境的生物，古人面對持續的降雨，就發明了傘和雨衣；當大雨不斷導致河水氾濫時，就建造了堤防和水壩。

也就是說，當我們遇到困難時可以選擇等待雨停，但如果雨一直下個不停，就沒必要理會那些待在室內說「雨終究會停」的人說什麼。**我們可以根據自己的情況，面對這場「無止盡的雨」，並想出應對的辦法。**

不過，時機真的很重要。如果一直糾結於為什麼會下雨、如果雨不停該怎麼辦，會讓人感到很痛苦。重要的是找到一個適合的時間去思考這些問題，不一定要現在，偶爾想一想就可以了。

當這個適合的時機來臨時，不妨停下來思考：為什麼現在會遇到這樣的狀況？如果情況沒有改善，又該怎麼辦？

POINT

當感覺不勉強的時候，再思考如何改變。

當無法立刻改變現況時

總是將責任歸咎於他人，很難有所進步；
試著想想自己能做到的事，積極尋求改變。

有些人容易將所有事情都歸咎於自己，而有些人則傾向於將責任推給他人，也就是前面也提過的他責思考。這種思考模式的缺點，在於不容易培養責任感，而且容易與他人發生衝突。

當我們習慣將問題歸咎於他人，例如都是某人的錯、都是主管管理不當時，就很難發現自己的不足之處。

而有些人習慣將所有問題都怪罪於父母，都是因為父母控制欲很強，從大學到工作、交友，事事都要管、完全沒有自主權，導致自己現在過得不好，都是因為父母糟透了。

不稱職的父母確實會對孩子造成很大的傷害，甚至可能涉及虐待。許多孩子即使受到再嚴重的傷害，依然深信父母說的話都是對的，這種根深蒂固的觀念讓孩子很難懷疑父母；即使旁人看來父母的行為已經構成精神暴力，孩子也可能認為這很正常。

不過，我想提出的是沒有那麼嚴重的情況，像是抱怨父母太囉嗦、門禁時間很嚴格、反對交男／女朋友等等，有些人會將問題全都歸咎於自己不至於構成「不稱職」的父母，是蠻令人遺憾的。

現在的你，可以為將來的自己做些什麼？

一直將問題歸咎於他人，人生並不會變得更好。很少有人會因為這些指責而悔改，並為你帶來幸福；與其如此，不如看看自己可以為未來做些什麼。

比起一直把錯怪到父母身上，與他們保持距離會更好；雖然短期內可能很難做到，但總有一天你可以離開。為了那一天的到來，可以從現在開始做好準備，你可以開始存錢，以便未來能夠獨立生活，也可以向其他成年人尋求建議。

當然，這並不代表發生的一切都是你的錯，但是，如果你能在無法改變的現況中，看到自己可以負起的責任和現在做得到的事情，會更容易幫助你在未來做出改變。

POINT

與其找人來怪，不如想想現在的自己可以做好的事情。

主動打造改變的助力和動力

人的意志力很薄弱，
建立一個能幫助改變的環境。

總是想找個人來怪，完全無濟於事；這不只是上一節內容提到的父母，基本上我們無法改變他人。

既然如此，要擺脫困境，就只能改變自己，但是單憑這樣是很辛苦的，這種時候，可以試看看如何透過改變環境來影響自己。

環境會影響人，待在一個同學們都認真讀書的班級，你會更容易被帶動，也開始認真讀書。我們會受到周遭的人事物影響，自然而然地產生改變。當你想要做出改變時，可以善用環境的力量，例如：

- 想減少玩遊戲的時間→可以下載能顯示使用時間的APP。
- 想開始健身→在牆上貼一張心中理想身材的海報。
- 想早起的話→換成時間到了會自動打開的窗簾。
- 希望房間維持整齊→放個大一點的垃圾桶。

以我自己為例，如果家裡放很多零食，就會忍不住一直吃，因此盡量不放太多——我很清楚自己的意志力並沒有那麼堅強，所以透過打造一個家中不囤零食的環境來幫助自己。

改變環境的效益，比改變「人」來得好

人其實很難做到自我控制，明知如此，大家卻總是試圖控制自己，當發現做不到時，就會責怪自己意志力薄弱，甚至自我厭惡。**請你不要自責，人本來就容易受到誘惑。光靠意志力想改變自己，往往事倍功半。**

覺得工作很辛苦、總是被主管罵的人，可能會認為這工作不適合自己。然而，與其一直苦等主管能改變態度，或是不斷責備自己應該更努力、但同時也感到無力疲憊，不如認真考慮換個工作環境，或許能解決問題。

要改變主管和公司並不容易，而改變自己需要耗費大量的時間和精力，而且還不一定能成功，既然如此，不如直接換個環境試試看。

雖然考慮到如何找工作、適合自己的工作類型、是否應該先離職再找工作、以及經濟問題等，會有很多事情需要考量，但只要一步一步來，必定可以找到解決的辦法。

在換工作之前，先從試著打造一個能讓自己感到幸福的工作環境開始，停止他責和自責，專心思考如何為將來的自己努力吧！

POINT

改變環境，而不是奢望他人改變，或勉強改變自己。

並非所有事情
在當下都有解答

不用非得分出對錯，
就讓自己好好煩惱一陣子也沒關係，
不用急著馬上找出答案。

你聽過「負向能力（Negative Capability）」這個詞嗎？這是英國詩人約翰・濟慈（John Keats）所提出，指的是「耐受不確定性、接受未解之謎的能力」。生活中，我們經常會遇到無法解答的問題，也會有許多模稜兩可的情況，人生常會遇到許多灰色地帶。

但人腦面對未知時，往往會感到不安，因為那充滿了不可預測性；因此，人們都不太喜歡處於不知道的狀態。

人是一種想要知道答案的生物，急於把事情分個黑白對錯是人之常情。我們可能會問，「為什麼我偏偏這麼倒楣」、「要怎麼做才能解決問題」，然後急著尋找答案。甚至會直接跳到「責怪別人」或「責怪自己」這些比較容易理解的結論。

但是，我們或許可以放慢腳步，給自己更多時間尋找答案。**事情不一定非得分清是黑是白，我們也可以暫時停留在困惑之中，不必急著找出答案，而是**

先把眼前的事做好，在模糊不清的狀態下繼續前進。

就好像在滂沱大雨中，一邊尋找雨傘、偶爾在簷下躲雨，同時在心中盤算著解決方法，一步一步地向前走，我也認為這是一種負向能力。

不勉強自己往前走，宇宙萬物也會持續運行

在面對未知時，人當然會感到不安和焦慮。我每次搭飛機都會非常緊張，覺得這麼重的鐵塊竟然能飛上天，實在太不可思議了。但是，當我打開書本開始閱讀時，不安的情緒就會慢慢消失，不知不覺中飛機就降落了。

不安並不會一直存在，那些不安和焦慮的情緒，總有一天會消逝，我們也會逐漸習慣。甚至，當我們專注在眼前的事情時，那些感覺就會慢慢消散。**就這樣帶著不安和焦慮，一步一步向前走吧！**

不論「改變」或「不改變」，都沒有所謂的對錯。我們大可以處在一個既想改變又不想改變的模糊狀態中，一邊煩惱、一邊沮喪，然後在不知不覺中，發現自己其實已經改變了。

即使短期內無法改變、即使感到不安和焦慮，只要持續努力，也許有一天會發現，自己和周遭的一切都已經不同了。

沒能找到答案的自己、無法改變的自己、無法下定決心的自己、總是胡思亂想的自己，這些不過都是最真實的你，沒什麼大不了的。

POINT

試著接受一個不知道答案、也無法改變的自己。

那些做得到的日常，從不是理所當然

你認為很輕鬆地就做到的那一步，其實也曾舉步維艱。

我們已經聊了這麼多，希望覺得想要改變、自己必須改變的讀者能稍微放鬆心情，甚至能因此鼓起勇氣採取行動。不過，我認為沒有必要勉強自己一定要改變。

我們每天都理所當然地向前邁進，不是嗎？從起床、走出家門、搭上捷運或公車、進入公司……「向前一步」對我們來說，已經是一種習慣了。即使遇到不愉快的事，我們也會照常向前邁進，彷彿這一切都理所當然。但如果不特別留意，就會忽略掉其實這件事有多麼不容易。

例如，許多需要尋求身心科協助的人，就是因為無法跨出那一步；明明沒有特別的原因，卻總是提不起勁出門上班；站在捷運入口猶豫不決，錯過了好幾班車；開車到公司門口，卻又不敢下車，不敢踏進公司。

每一天的自己，都是生活中最棒的禮物

直到真正做不到的時候，我們才會恍然大悟，原來自己已經這麼努力、原來這麼辛苦啊！**這時才會意識到，原來看似平凡無奇的日常，其實是我們不斷努力的結果，並不是理所當然。**

我們常常會陷入一個迷思，認為大家都這麼做，所以自己也應該這麼做，上班賺錢、為家人採買、做家事，這些似乎是理所當然的。

但事實上，這每一步都得來不易，是我們努力的成果，希望你能牢記這一點。**只要今天跨出了第一步，就已經很了不起了，請好好地誇獎自己。**

不論有沒有改變都無所謂，在這個如此難以生存的世界上，能夠活到壽終正寢，不是一件值得慶祝的事嗎？**能夠在這個充滿不確定性的世界中生存下來，已經非常了不起了！希望你能對這樣的自己，說一聲「你真的很棒」。**

POINT

光是起床上班，就已經很了不起了！

【結語】相信，原本就已經很好的自己

每次出版新書，我都會思考一個問題：如何將我身為醫師在臨床現場的經驗和知識，轉換成一般讀者（那些沒有來過我診所的讀者）的需求？

這件事其實很困難，只要稍不注意，就會過度迎合讀者的需求，而寫出一些我個人並未真正體會過、脫離臨床經驗的泛泛之論。特別是這次書中的主題「想改變自己」時，我一直在自問自答：這些想法是我真實的感受嗎？這些故事又是從我內心深處的哪個角落冒出來的？

直到現在，我在寫結語的時候，才終於將這些想法與一個故事連結起來，一切豁然開朗。

身為身心科醫師，我在臨床工作中經常聽到患者說想一死了之。但這個詞背後的意義往往是活得很痛苦、想尋求幫助、想要改變、想重新開始等多種情緒的代稱。在這些話語中，我們常常能聽出患者在呼救：「我不知道該怎麼辦？」

同樣地，「想要改變」的背後也隱藏著「覺得自己不夠好」、「很痛苦」、「討厭自己」等複雜的情感。患者雖然想改變，卻不知道該如何下手，感到非常困擾。因此，醫師不能只停留在患者說出的表面話語上，而是要深入探究隱藏在背後的問題，並與患者一起尋找解決之道。這是我在日常診療中一直秉持的信念。

其實，這種情況並不只發生在身心科。

我記得當我還是住院醫師時，曾經在急診室將一位患者主訴的「頭暈」直接記錄在病歷上。當時，我的指導醫師嚴厲地指正我：「患者說的『頭暈』，到底是『感覺天旋地轉』、『眼前發黑』還是『頭腦昏沉』，你必須仔細詢問，弄清楚對方想表達的具體意思。」直到現在，當時受到的教訓依然歷歷在目。

我們常常理所當然地認為，大家都活在相同的世界、使用相同的語言、看見相同的風景；但事實上，每個人對世界的觀點、感受和表達方式都大不相同。

想一死了之、想改變、頭暈——這些看似簡單的詞語，其實包含了許多複雜的情感，往往只能表達出我們內心的一小部分。

面對「想改變」這個願望，我們很容易急於提供各種改變方法，市面上也有很多相關主題的書籍，提出各種幫助改變的技巧。

但是，**對於那些感到「想改變」的人來說，更重要的是先了解內心深處的感受**。只有直接面對內心的真實想法，才能找到問題的根源，並尋求解決之道。正因為如此，我寫了這本書。

當我們開始了解自己的內心，就會發現自己同時存在著「想改變」和「害怕改變」的矛盾情感。這時，我們不需要否定自己，也不需要急於逃避。

我的上一本書《討好自己就夠了》很幸運地受到讀者的喜愛，也促成本書的誕生。許多讀者在社群媒體和網路書店上分享他們的讀後感，在日本亞馬遜甚至榮登在「送禮排行榜」上，讓我印象深刻。

以「不要為別人而活」為主題的書籍，卻有那麼多人「為了別人而推薦」的矛盾現象，多麼饒富深意，更讓我深受感動。這本書或許也是如此，雖然目標讀者是「想改變」的人，但書名是《喜歡自己就夠了》。

本書究竟會成為推動你改變的動力，還是會讓你放慢腳步？取決於閱讀的時間和個人的心境。無論你是否想改變，都可以隨時翻開這本書，深刻去感受自己內心的矛盾與掙扎。

二〇二四年三月　藤野智哉

富能量 120

喜歡自己就夠了

不必配合誰要求的 100 分，這樣的我已經很棒。暖男身心科醫生終結自我否定的 45 個低內耗練習

作　　者：藤野智哉
譯　　者：卓惠娟
責任編輯：賴秉薇
文字協力：楊心怡（@amber_editor_studio）
封面設計：木木 Lin
內文設計、排版：王氏研創藝術有限公司

總 編 輯：林麗文
主　　編：高佩琳、賴秉薇、蕭歆儀、林宥彤
執行編輯：林靜莉
行銷總監：祝子慧
行銷經理：林彥伶

出　　版：幸福文化／遠足文化事業股份有限公司
地　　址：231 新北市新店區民權路 108-3 號 8 樓
粉 絲 團：https://www.facebook.com/happinessnbooks/
電　　話：（02）2218-1417
傳　　真：（02）2218-8057

發　　行：遠足文化事業股份有限公司（讀書共和國出版集團）
地　　址：231 新北市新店區民權路 108-2 號 9 樓
電　　話：（02）2218-1417
傳　　真：（02）2218-8057
電　　郵：service@bookrep.com.tw
郵撥帳號：19504465
客服電話：0800-221-029
網　　址：www.bookrep.com.tw
法律顧問：華洋法律事務所蘇文生律師
印　　製：中原造像股份有限公司
電　　話：（02）2226-9120

初版一刷：2025 年 1 月
初版二刷：2025 年 2 月
定　　價：380 元

國家圖書館出版品預行編目 (CIP) 資料

喜歡自己就夠了：不必配合誰要求的 100 分，這樣的我已經很棒。暖男身心科醫生終結自我否定的 45 個低內耗練習 / 藤野智哉著；卓惠娟譯 . -- 初版 . -- 新北市：幸福文化出版：遠足文化事業股份有限公司發行 , 2025.01
面；　公分
ISBN 978-626-7532-65-2(平裝)

1.CST: 自我實現 2.CST: 心理衛生

177.2　　　113017657

讀者回函卡

感謝您購買本公司出版的書籍，您的建議就是幸福文化前進的原動力。請撥冗填寫此卡，我們將不定期提供您最新的出版訊息與優惠活動。您的支持與鼓勵，將使我們更加努力製作出更好的作品。

讀者資料

●姓名：＿＿＿＿＿＿ ● 性別：□男　□女　●出生年月日：民國＿＿年＿＿月＿＿日

●E-mail：＿＿＿＿＿＿＿＿＿＿＿＿＿＿＿＿

●地址：□□□□□ ＿＿＿＿＿＿＿＿＿＿＿＿＿＿＿＿

●電話：＿＿＿＿＿＿ 手機：＿＿＿＿＿＿ 傳真：＿＿＿＿＿＿

●職業：□學生　□生產、製造　□金融、商業　□傳播、廣告

□軍人、公務　□教育、文化　□旅遊、運輸　□醫療、保健

□仲介、服務　□自由、家管　□其他

購書資料

1. 您如何購買本書？□一般書店（　　縣市　　　書店）
□網路書店（　　　　書店）　□量販店　□郵購　□其他
2. 您從何處知道本書？□一般書店　□網路書店（　　　　書店）　□量販店　□報紙□廣播　□電視　□朋友推薦　□其他
3. 您購買本書的原因？□喜歡作者　□對內容感興趣　□工作需要　□其他
4. 您對本書的評價：（請填代號 1. 非常滿意　2. 滿意　3. 尚可　4. 待改進）
□定價　□內容　□版面編排　□印刷　□整體評價
5. 您的閱讀習慣：□生活風格　□休閒旅遊　□健康醫療　□美容造型　□兩性
□文史哲　□藝術　□百科　□圖鑑　□其他
6. 您是否願意加入幸福文化 Facebook：□是　□否
7. 您最喜歡作者在本書中的哪一個單元：＿＿＿＿＿＿＿＿＿＿＿＿
8. 您對本書或本公司的建議：＿＿＿＿＿＿＿＿＿＿＿＿

請沿虛線剪下，黏貼好後，直接投入郵筒寄回

廣　告　回　信
臺灣北區郵政管理局登記證
第　1 4 4 3 7　號

請直接投郵，郵資由本公司負擔

23141

新北市新店區民權路 108-3 號 8 樓

遠足文化事業股份有限公司　收

藤野智哉
——著

喜歡自己就夠了

幸福文化　書名　喜歡自己就夠了　富能量 120

幸福
文化